U0951063

烈焰天风

德怀恩·韦德传

DWYANE WADE

冯逸明主编

世界知识出版社

图书在版编目（CIP）数据

烈焰天风：德怀恩·韦德传 / 冯逸明主编．—北京：世界知识出版社，2017.11

（钻石超星传记系列）

ISBN 978-7-5012-5608-2

Ⅰ．①烈…　Ⅱ．①冯…　Ⅲ．①德怀恩·韦德—传记　Ⅳ．① K837.125.4

中国版本图书馆 CIP 数据核字（2017）第 260038 号

责任编辑	余　岚　　刘　喆
责任出版	赵　玥
责任校对	马莉娜
封面设计	冯逸明
书　　名	烈焰天风：德怀恩·韦德传 Lieyan Tianfeng：Dehuai'en Weide Zhuan
主　　编	冯逸明
出版发行	世界知识出版社
地址邮编	北京市东城区干面胡同 51 号（100010）
网　　址	www.ishizhi.cn
销售电话	010-65265923　010-57735442
经　　销	新华书店
印　　刷	北京朗翔印刷有限公司
开本印张	710×1000 毫米　1/16　14 印张
字　　数	314 千字
版次印次	2017 年 11 月第一版 2017 年 11 月第一次印刷
标准书号	ISBN 978-7-5012-5608-2
定　　价	45.00 元

目录

DWYANE WADE

HEA

闪电之门
每个人心中都有一道闪电，欢迎你打开
BROOKLYN
34

State Farm
Good for business. Good for the planet.
Raise your margins.
IBM
Systems. Softw
3

致敬闪电

天风破空烈焰图腾

人生有时候短得就像一串转瞬即逝的闪电，它的亮光惊心动魄、令人怀念，但它终究只是一瞬间的传奇和耀眼。球员的职业生涯更是如此，巅峰不过是节日的烟火、刹那芳华的昙花，留得住赫赫声威，却留不住那一时照彻天地的闪电。

德怀恩·韦德离他的巅峰已经很远了，大学时便摘去了半月板的膝盖，使得他不再像从前那样来去如风、突击如电。

他失去了赖以成名的速度和爆发力，以至于在总决赛中的每一步都是那么艰难，他不再是那个风驰电掣的“闪电侠”，也不再能够随心所欲使出“迷踪步”。

但我们依旧无比信任韦德，像他那样的巨星，不光有能力，更有天神一般的意志，就像2006年那次的狂野逆袭。

虽然没有追风逐电的速度，但只要韦德站上赛场，总会让对手领略到不寒而栗的杀气，韦德的强大更多源于本能，源于那颗睥睨群雄的王者之心。他不快，但够稳！关键时刻依然是最有把握划破对手坚甲的那柄利刃！虽然离开热火，但韦德依旧拥有一颗燃烧爆裂的雄心，在“风城”、在克利夫兰，“闪电侠”将再度出击，演绎新的传奇。

八字真言

WADE

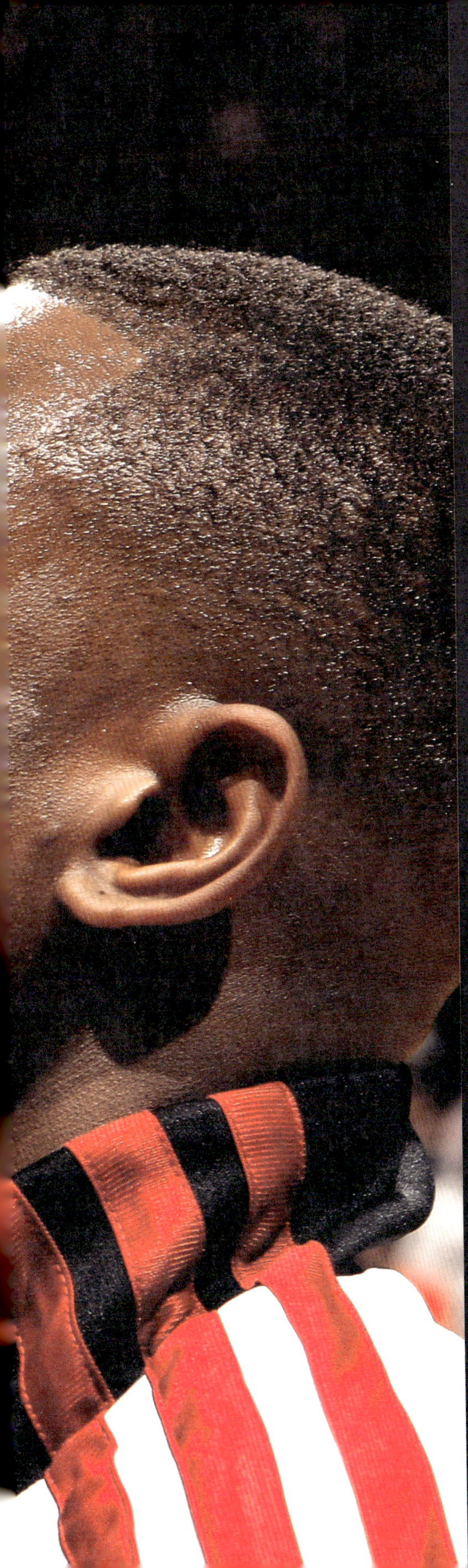

韦德八字真言

聚

1

兄弟聚义，那是肝胆相照的豪情、生死相托的信任、同舟共济的协作、荣辱与共的无间……在一帆风顺时往往固然是兄弟同心、其利断金，但在身处逆境之时，兄弟间的彼此信任更难能可贵……

四年间，他们精诚协作、默契无间，四进总决赛，两夺总冠军，他们用荣耀与成就回击了毁谤和质疑，击败了强大的对手和命运，超越了痛苦和彷徨……

韦德，东部第一分卫；詹姆斯，联盟第一小前锋；波什，联盟排名前五的大前锋。而更为恐怖的是，这三人均正值当打之年。古人云“三者即众也”，人多力量大，迈阿密“三巨头”虽然没有歃血为盟、结拜兄弟，但彼此友谊深厚、谦和无私。

四年间，热火队在东部一览众山小，在联盟也是霸主。詹姆斯、韦德、波什打出了令世人艳羡的“兄弟篮球”。他们曾在 2011 年艰难跨过凯尔特人这座高山，詹姆斯伏地而泣，却在总决赛中输给“诺天王”。2012 年他们卷土重来，在总决赛中击溃新生雷霆的挑战，加冕为王。2013 年卫冕之战，他们遭遇老当益壮的马刺，七场苦战惊心动魄，充满传奇，“詹皇”的迷失和救赎，雷·阿伦最后时刻的神箭逆天，助力热火完成两连冠。

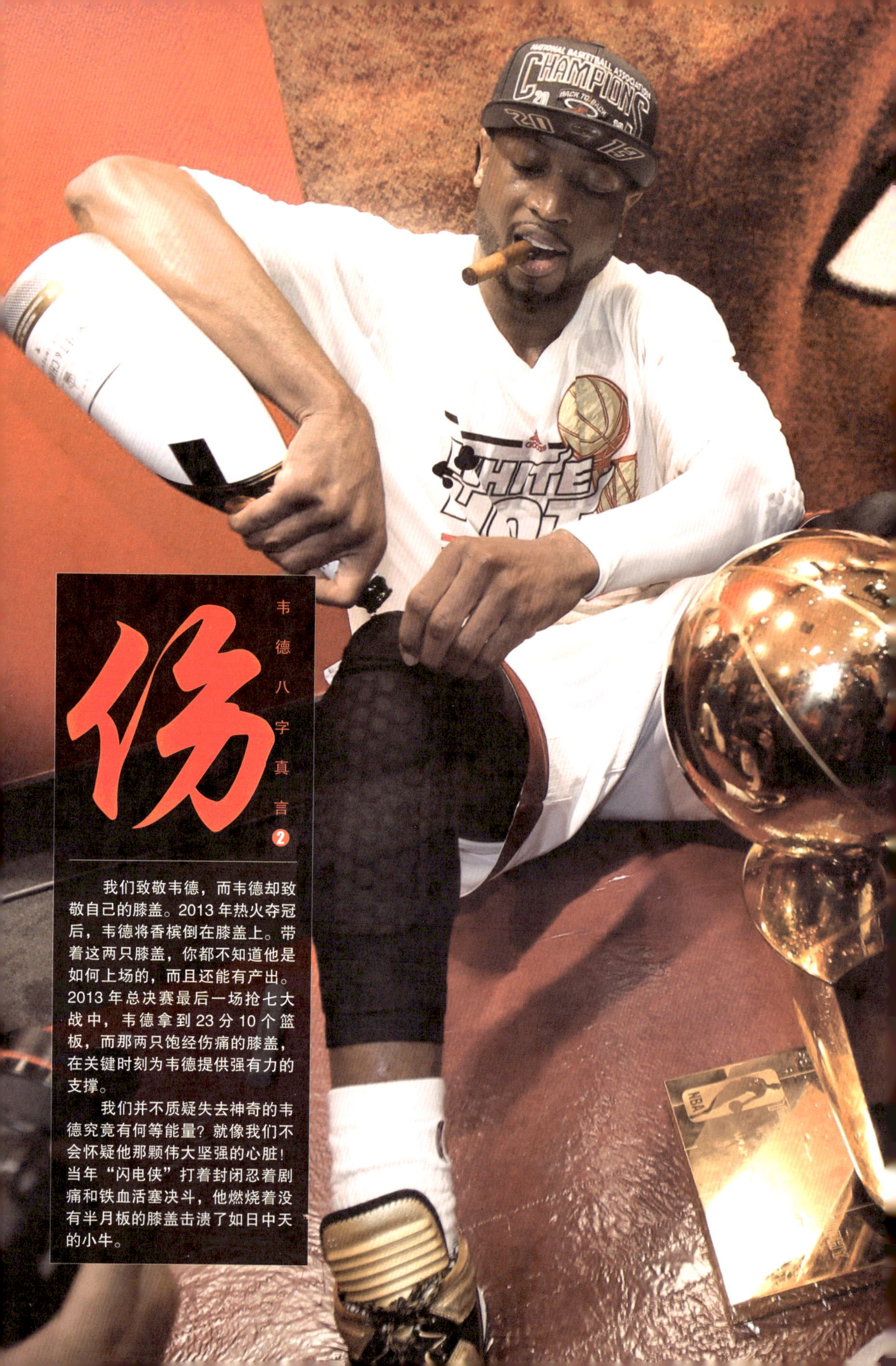

伤

韦德八字真言 2

我们致敬韦德，而韦德却致敬自己的膝盖。2013 年热火夺冠后，韦德将香槟倒在膝盖上。带着这两只膝盖，你都不知道他是如何上场的，而且还能有产出。2013 年总决赛最后一场抢七大战中，韦德拿到 23 分 10 个篮板，而那两只饱经伤痛的膝盖，在关键时刻为韦德提供强有力的支撑。

我们并不质疑失去神奇的韦德究竟有何等能量？就像我们不会怀疑他那颗伟大坚强的心脏！当年“闪电侠”打着封闭忍着剧痛和铁血活塞决斗，他燃烧着没有半月板的膝盖击溃了如日中天的小牛。

韦德八字真言❸

闪

DC漫画中的“闪电侠”拥有快速运动、超越所有物理定律等的能力，他的速度比超人还快，在超级英雄世界里无出其右。

“他在篮球场上身手矫健，宛如一道闪电。”2004年，“大鲨鱼”奥尼尔在加入热火时这样评价球队核心韦德，从那个时候开始“闪电侠”便成了韦德的绰号。

闪电般的突破，奥尼尔取的外号自有玄机，科比叫“小飞侠”，但“飞”能跟“闪电”比吗？奥尼尔叫自己“超人”，他觉得韦德是和他搭档的英雄，而且脚步快，能飞能扣，所以就给韦德起名叫“闪电侠”，后来这个绰号不胫而走，名满天下。

韦德生涯主要荣耀列表
3 届 NBA 总冠军（2006 年、2012 年、2013 年）
1 届 NBA 总决赛 MVP（2006 年）
1 届全明星赛 MVP（2010 年）
1 届得分王（2008/2009 赛季）
2 届全明星技巧挑战赛冠军（2006 年、2007 年）
12 届全明星（2005—2016 年）
2 届最佳阵容一阵（2008/2009 赛季、2009/2010 赛季）
1 届奥运会金牌（2008 年）

三冠王

2006/2012/2013 CHAMPIONS

耀

韦德八字真言 4

“请叫我三冠王！”从2013年捧起奥布莱恩金杯那一刻起，韦德正式宣布更名为“德怀恩·三冠王·韦德”。

从2006年绝地逆袭，到2012年联袂“皇帝”，再到如今卫冕成功。膝伤的困扰让韦德迅疾不再，但那颗王者雄心依然澎湃，带伤上阵的韦德顶住压力，在生死关头迸发出超强战力！

热火卫冕，韦德功不可没，虽然饱受伤病困扰，但总决赛他依然场均砍下19.6分，鉴于“闪电侠”在迈阿密的超然地位，让他成为与“皇帝”比肩的三冠王，也实至名归。

韦德多次以潮男造型登上《GQ》杂志，而《VMan》杂志则看中了韦德在场上的刚猛，《SOBeFiT》这款以体育和健康主打的杂志也少不了韦德的参与，《DIME》《SLAM》等诸多杂志都以韦德的封面为荣。

帅

凭借着刚毅英俊的脸庞和性感健硕的身材，韦德曾经被美国《人物》杂志评选为“世界上最美的50个男人”之一。要知道，整个体育界只有两个人入选，除了他就是“万人迷”贝克汉姆了。作为NBA中唯一的入选者，足见韦德在球场下也有着惊人的魅力。

一个在篮球界叱咤风云的巨星，恰巧这位巨星又非常帅气，自然成为许多杂志封面的首选。

韦德给人一种很酷、很有味道的感觉，这也让他超越了篮球范畴，受到很多时尚杂志的青睐，成为媒体的宠儿，也成为杂志封面的风云人物。

HEAT
3
HEAT
8
HEAT
32

韦德八字真言 6

勇

攻势凌厉，无坚不摧，无固不破。韦德的招式刚猛无俦，突破灌篮更是暴力美学的极致体现，对手无法跟上他那第一步，韦德突破后可以肆意地轰炸篮筐。

韦德的变向突破与艾弗森的穿花蝴蝶般的炫目不同，讲究大开大阖，用速度将防守者甩在身后。他在挡拆后从人缝中穿过犹如一条蛟龙，电光火石间腾空而起，与“飞龙在天”有异曲同工之妙。韦德早年间频频用身体挑战对手及篮筐，对身体造成极大损伤，也导致他的重大伤病。现在他更加收放自如，刚柔并济。

韦德的勇猛不仅体现在进攻上，同样他的防守也十分强悍。作为历史上盖帽最多的得分后卫，尽管韦德只有 1.93 米的身高，但他却是很多内线球员的梦魇，我们经常看到韦德强力封盖内线球员势在必进的扣篮，这种令人震撼的死亡封盖可能也只有在韦德的比赛里才能看到。

侠

韦·德八字真言 7

侠是无畏的，韦德不仅有“在百万军中取上将人头，有如探囊取物”的惊世绝学，还有“虽千万人吾独往矣”的无所畏惧。正是这种不畏强敌的孤胆豪情，让“闪电侠”有着绝处逢生的反击战绩，譬如 2006 年总决赛……多年以来，韦德凭借一己之力对抗豪强，哪怕是伤痕累累也决不退缩。

惊天动地的大帽、石破天惊的灌篮、神鬼莫测的抢断、千里单骑的突破，还有舍生忘死的救球……当韦德的虎躯和地板平行飞出时，“闪电侠”那英雄气魄也喷薄而出。

韦德八字真言 8

坚

无论威斯布鲁克突破多么凌厉凶悍，无论哈登的“欧洲步”多么诡异莫测，都无法撼动韦德昔日的江湖地位，“闪电侠”也许老了、慢了，但他更加沉稳老练，老而弥坚，一击必中！他总能在场上审时度势、阅读比赛，打出最致命的攻防。韦德很少锦上添花，但却屡屡雪中送炭！在境界上他显然高出年轻后辈们一个层级，即使不用疾风暴雨般的进攻，“闪电侠”还是杀气凛冽。伤病让他的打法变了模样，用背身单打去杀伤，失去追风逐电的速度，那便化繁为简，用急停跳投来打垮对手。

道——迈阿密篇／韦德的前半生

●柯凡：知名篮球评论员、腾讯 NBA 资深解说员

对有的人来说，“道”是连接一个个新冒险的媒介，一直在“道”上，才能征服一个个新的成就；对于有的人来说，“道”是闯与家的连接线，闯累了，回家了；而对于韦德来说，走在“道”上，不如成为“道”。

始于足下

韦德的起点，很多人再熟悉不过，在迈阿密篮球的低谷中，2003 年他翩翩而来。联手 2002 年加盟球队的巴特勒，在自己职业生涯的第一个赛季，就让球队比上一季多赢了 17 场球，胜率重新回到 50% 以上。若是在其他年份进入 NBA 的话，韦德在新秀年的表现足以使他成为最佳新秀，然后顺理成章地进入新秀第一阵容，怎奈詹姆斯和安东尼绝代双骄般的新人王之战太过耀眼，韦德与自己职业生涯中第一个奖项，也是职业球员一辈子只能得到一次的奖项失之交臂。今天在这里落后你们，或许哪天会在其他地方找回来，韦德让迈阿密看到未来，他身边的伙伴开始变化。

不可否认，在那个“OK”王朝大厦将倾、姚明初入联盟的时代，想看到迈阿密的比赛太难，即便是“鲨鱼”东游，热火凑成了以奥尼尔和韦德为核心，众多成名已久的老将从旁辅佐的阵容，想完整地看一眼东海岸那销魂的“迷踪步”也成了奢侈。不知道有多少人仅仅因为那一个回头望月的“2+1”，因为那绝杀后指向地板霸气地吼出“This is my house!”这些片段喜欢上了韦德。至少在全联盟都期待着“小皇帝”快点加冕，全中国都痴迷于姚老大或姚麦组合的时候，韦德发出了属于自己的声响。千里之行始于足下，与前辈莫宁相伴于复兴迈阿密的道路上的韦德，正在积蓄能量。

得证大道

2005/2006 赛季总决赛，当时我还在上大学，对于一个可能会在任何事情上产生惰性的人来说，没有马刺、没有湖人，更没有如期看到詹姆斯的总决赛，我并没有太多的期待。没想到的是，至柔的诺维斯基变得像一个篮板疯子，印象中攻强守弱的投篮队成了一支攻守平衡难以击败的球队。更难以想象的是，在那年的总决赛中，一次次杀入禁区，不断被拍向地面，又一次次站起来重新准备起飞的韦德，让我看到了很多熟识的影子，那三号不是更高大一些的艾弗森吗？不！那三号不是乔丹吗？

在经典的“韦德摔”和经典的总决赛大逆转之后，“03 白金一代”的四位天之骄子中，韦德最早拿到了 NBA 的至尊荣耀。看着韦德头戴总冠军帽和一众 NBA 老炮儿欢庆胜利的时候，感觉他似乎还没有做好准备，但成功这件事还需要准备吗？只需要你足够努力，足够有运气，足够狠。昨天落后你们，今天我找回来了。

迈阿密正式进入韦德时代，且一直持续多年。

迈阿密的道

2010 年的夏天，韦德的兴奋程度应该是仅次于直接完成各项球员运作的帕特·莱利的。作为迈阿密的主人，他迎来了好朋友詹姆斯、波什；作为迈阿密的主人，他降薪留住了哈斯勒姆；作为迈阿密的主人，他心甘情愿地蛰伏于“小皇帝”身后成了球队名义上的二号人物。之后的故事，我们大家都了解，迈阿密热火四年内四进总决赛，并完成两连冠。

三连冠未成，确实有些许遗憾，但韦德为这支球队所做的有目共睹，尤其是 2012/2013 赛季的季后赛阶段，一次次膝盖抽水才换来了最终对阵马刺的爆发。在这四年里，韦德成了迈阿密的“道”，因为他的存在，热火才会迎来詹姆斯和波什这些新兄弟，因为他的存在热火才能在逆境中屡屡翻身。“顺境詹姆斯、逆境波什、绝境韦德”的说法虽有些言过其实，但多少也能说明即便竞技状态在随着伤病一点点下滑，韦德的斗志仍然是球队中最旺盛的。因为他一直在这里，因为这里是他的家，因为你如果想战胜迈阿密必须要从韦德的残躯上迈过去。

两枚戒指，一张往膝盖上淋香槟的照片，还有一副再也不能向 2006 年那样肆意翱翔的身板，四年韦德得到了什么，失去了什么……

韦德之道

很多人都觉得，假如韦德能够早些改变自己的打法，可能会延长自己竞技状态的黄金期，更有可能为热火拿到更多的总冠军。但事情总是说着容易，三座总冠军奖杯，哪一座能少得了韦德关键时刻的冲击和杀伤呢?

将自己无双的天赋完全献给迈阿密，向前望去是坚守和责任，向后望去尽是繁花似锦，这就是韦德之道，一条还没有走到尽头的道。

NBA
SPALDIN

烈焰天风

Dwyane Wade

德怀恩·韦德传

文 / 平原公子

楔子：铸剑

DWYANE WADE

古代铸剑大师没到紧要关头，往往滴血熔炉之中，把自己的意志和精魂灌注到钢铁和烈焰之间，如此兵器才能达到天人合一的境界，有灵有识，知天意晓人性。执着者往往以肉身祭剑，举身赴洪炉，只为神兵出世，光照四方。

而千载之后，我们观剑之时，会发现紫电青霜，光射牛斗，斩金断玉，吹毛发断，但在那寒气森森的一泓秋水上，总能见到那一抹血痕，那就是铸剑的精魂所系，如鲜血，如烈火，杀气凛然，夜夜做龙吟虎啸。

德怀恩·韦德，是我们这个时代最锋利的一把神兵，是在战斗、伤痛、挫折的烈火中锤炼成的，那个残忍而偏执的铸剑师就是他自己。这是一个充满着勇气和毅力的故事，不能与弱者和懦夫分享，他们承受不起。

贾谊说过："且夫，天地为炉兮，造化为工；阴阳为炭兮，万物为铜。"说的是人生在世，就是一场痛苦的煎熬，生命就像是熔炉中的铜铁，被这个世界反复煅烧，有的人辗转呻吟，有的人抱怨怒骂。但韦德一声不吭，咬牙切齿要这命运的烈火烧得更猛烈些，在痛苦和奋斗的缝隙里，他才能把自己这把神兵锻造得独一无二，所向披靡。

若要问谁是历史上最好的得分后卫，你会瞬间想起乔丹、科比，但接下来你无法跳过这个名字——德怀恩·韦德。麦迪的笑容曾经风靡天下，卡特的扣篮曾经是那个时代的封面，但他们都无法在篮球的星空中盖过韦德的光芒，他更可怕，他更成功，他有三个冠军，在面对压力、逆境，乃至绝境的时候，他更能惊天动地。

2016 年，33 岁的韦德离开了热火，回到了家乡"风城"芝加哥，和吉米·巴特勒、拉简·隆多一起战斗。那时候，他是个三冠在手的老将，早已功成名就，但他依旧愿意尽全力在这个篮球最高舞台上拼搏。

在告别韦德之后，"热火教父"莱利心情复杂，他如此评价韦德："我们会永远爱他，我们永远都不会忘记他。每当我想到他的时候，我都会流泪。虽然我是一个铁石心肠的爱尔兰后裔，但是请相信我，德怀恩的离开，对我是一次沉重的打击。"

德怀恩·韦德永远像一个 18 岁的年轻人那样斗志昂扬，英勇无畏地拖着他残缺不

全的膝盖在场上厮杀。那只在大学时代就被手术摘去半月板的膝盖，让他的每一步，都仿佛踩着炽焰和刀锋跳舞，骨头的摩擦声从神经传到脑海，但他仍然会用一种超越肉体的能量去驱动自己，眼里燃着火焰，脚上踩着闪电，每一个动作都没有半点迟疑，他可以老，可以慢，但却永远不会犹豫，永远不会胆怯。毕竟，这十多年他一直是这么度过的，有人对伤痛避之不及，他却把痛苦当作最好的知己。

在他职业生涯的第 14 个年头，他不再快如闪电，不再冲上云霄，可他留给我们的，就是那些电光中、云霄里的回忆，思维的触角再快，也难以在时间的流光碎影中抓住这柄烈焰神兵，他太快太锋利，太痛太炽热，我们只能看着他掀起赤红色的云蒸霞蔚，火烧半边天，留给篮球史一笔浓墨重彩的壮丽奇景。

NBA

第一章

童年之殇

01

充斥枪声与毒品的风城

DWYANE WADE

龙泉太阿、紫电青霜并不是生来如此耀眼，一开始，他们只不过是山野间一颗不起眼的矿石，没有人知道他们从哪里来，没有人知道他们的未来是什么。

德怀恩·韦德起初的时候，就是这么一块其貌不扬、默默无闻、被命运弃诸荒野的小石头，他最初的梦想，不是发光，也不是发热，而是最基本的生存。

韦德的老家在芝加哥，就是“飞人”乔丹扬名立万、公牛队纵横无敌的那个芝加哥。芝加哥是美国第三大城市，位于美国中西部、世界第一大湖密歇根湖与芝加哥河交汇处，面积 588 平方公里，夏日酷热，冬季不寒，终年多风，号为“风城”。芝加哥及其郊区组成的大芝加哥地区，人口超过 900 万，城市总人口超过 2700 万，是美国仅次于纽约和洛杉矶的第三大都会区，是美国黑人、犹太人聚居较多的城市。

韦德出生在芝加哥南部地区，那里是“风城”底层人民聚居的贫民窟，他的父亲是老德怀恩·韦德，母亲叫乔琳达，他有一个比他大五岁的姐姐，叫特拉吉尔。在德怀恩·韦德只有几个月大的时候，父母就离婚了，老德怀恩和乔琳达曾在一起共度十年时光，老德怀恩说，他和乔琳达都有问题，“在 20 世纪 70 年代，很多人都会吸毒，吸各种各样的毒品，我们也不例外”。可是乔琳达走得更过一点，在她生下德怀恩时，她对毒品的依赖与日俱增，与老德怀恩的感情也因此而破裂。

小时候，韦德跟着妈妈和姐姐一起生活，几经颠沛流离之后，他们住到了外婆和舅舅家。韦德的名字其实拼错了，他和父亲的名字一样，后来韦德曾解释是当年祖母在报户口的时候把韦德父亲的名拼错，所以继续用在韦德身上。

贫民窟是个糟糕的地方，这是美利坚自由女神火炬无法照耀的阴暗角落，枪支和毒品泛滥，黑帮横行，但各式各样的人们要生存，有人苟延残喘，有人愈陷愈深，也有人渴望挣脱这一片令人绝望的泥淖，活出自我。

韦德说：“小时候，战胜贫穷是我最主要的任务！过生日，绝不会有礼物。”

如今我们可以发现，韦德和大部分 NBA 黑人球员不同，他身上连一个文身也没有，他虽然打球风格火爆，闪电突破、压哨绝杀、凌空劈扣、飞天大帽如家常便饭，但他很少像许多黑人球员那样摇头晃脑、张狂庆祝，这很奇怪，我们很难从他身上看到一丝一毫的街头气息。

这和他早年的经历是分不开的，“黑帮”这个词，在韦德童年的时候，如阴霾和噩梦一样挥之不去。那些阳光下见不到的东西，小时候的韦德早就司空见惯，毒品和枪支早已是芝加哥南部的街头文化，贫民窟枪声不时响起，就像芝加哥的风声一样寻常。许多孩子年纪轻轻就加入了帮派，参与了毒品生意，韦德的儿时伙伴，一个五岁的孩子就开始为人贩毒，许多他认识的朋友更是早早断送了性命。

在芝加哥南部的英格伍德地区，到处流通着各式各样的毒品，大麻、海洛因、可卡因应有尽有，韦德在街头见惯了吸毒者们的丑态，他们有吸食的，也有针管注射的，经常有人在众目睽睽之下就被呼啸而来的警车带走。有毒品，自然就会有黑帮相伴而生，法外之徒们成群结队横行街市，他们的名称五花八门，有的叫作“黑帮门徒”，有的叫作“恶棍门徒”。

这就是贫民窟的生活方式，韦德并不歧视贫民窟，因为他知道，如果有一丝希望，

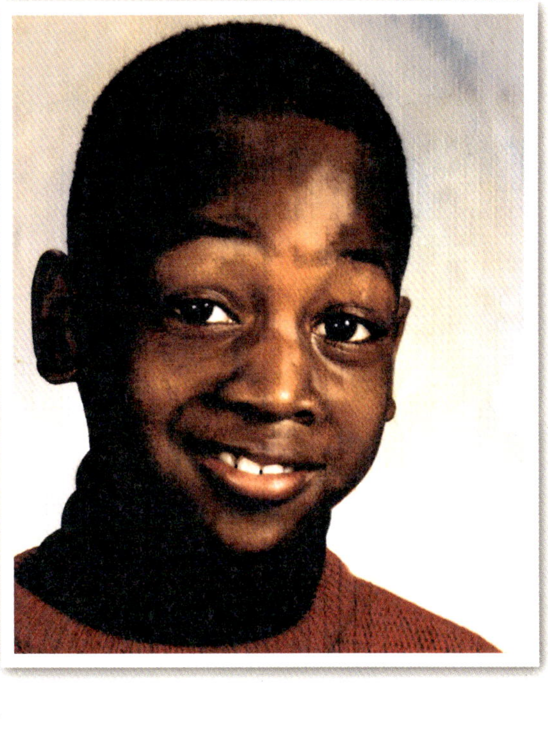

这里的人们也不会如此堕落，如果可以选择，那些穷人理所当然会选择安安稳稳的工作，踏踏实实接受教育，但现实便是如此，贫困中的人们无力改变，只能铤而走险。韦德也曾经想过：值得庆幸的是自己后来跟着父亲生活，能够安定地上学，通过打篮球改变命运。

韦德四岁半之前，母亲乔琳达一直带着女儿和儿子四处奔波，居无定所，她一直没有稳定的工作，毒瘾让她失去了对生活的信心。有一段时间，她为了不影响孩子们正常的童年生活，不让孩子们看到她戒毒时翻滚尖叫的痛苦样子，她不得不把特拉吉尔和韦德寄养在亲戚和朋友家中，自己一个人去对抗毒瘾。韦德和特拉吉尔从小过惯了颠沛流离的生活，而他们两位更加年长的姐姐狄安娜和凯莎只是浮光掠影般在生活的间隙中时而飘过，仿佛无关紧要的陌生人，姐弟俩很难感受到亲情的温暖。

这样的噩梦一直持续到1986年，乔琳达短暂戒毒成功了，他们一家搬到了第五十九大街和牧场大街的拐角处，这里有一栋三层楼，韦德的外婆和舅舅罗杰住在顶层公寓，外婆从70年代开始就住在这里了，房东是她们家亲戚。那时候韦德的妈妈乔琳达刚刚战胜了毒瘾，并且找了一份稳定的兼职，外婆和房东商量，让乔琳达带着女儿和儿子住进了一楼，房东因为是亲戚的缘故，为人还算温和，偶尔拖欠房租也不算什么事，但房东对水电费非常在意，乔琳达有几盏小灯和几个电炉，他们不舍得用自己的电，韦德和姐姐便常常在走廊里的插座上插上电器，每当听到房东的脚步声传来时，韦德和姐姐便会飞奔出去跑到走廊上拔掉插头，这真是个尴尬的童年回忆。

但这点小尴尬对韦德和姐姐特拉吉尔来说，已经算不上什么麻烦了，因为他们好歹可以拥有自己的卧室，韦德和姐姐住一间卧室。母亲也终于恢复正常，和姐弟俩生活在一起，一家人终于可以享受天伦之乐了。靠着政府的救济和补贴，一家人每个月可以购物一次，妈妈乔琳达有了工作，韦德开始上学，生活又有了规律。每到周末的时候，父亲老德怀恩也会从更南边的地方开车来看儿子和女儿，周末的清晨，小韦德都会趴在窗台，看着一辆又一辆的车从窗前穿梭而过，老德怀恩的雪佛兰在门口停下的时候，韦德会像欢快的小猫一样飞奔而出。

韦德童年对妈妈最美好的记忆，就来源于那一段时间，乔琳达健康而乐观，早出晚归工作，抚育姐弟俩成长，就像全世界所有善良而朴素的母亲一样。

然而，快乐如此短暂而虚幻，如兔子的尾巴掠过秋天的草原，就在一切都欣欣向荣充满希望的时候，生命的乌云再次笼罩。

02 沉溺毒品的母亲

DWYANE WADE

一个陌生男人走进了乔琳达的生活，住进了那座三层小楼，那时候韦德还小，甚至记不清他的名字和面孔，但他清楚地记得，那个人公然把一袋一袋毒品带进他们的家中，一楼的房间居然成了社区毒贩们的藏毒窝点，特拉吉尔和小韦德亲眼看见那些黑帮和毒贩公然在自己家中完成交易，这在姐姐特拉吉尔心中埋下了不安定的种子，她看着弟弟天真无邪的面庞，已经暗暗下定了决心。

最令人绝望的是，母亲乔琳达再次沉溺于毒品，与一个毒贩共同生活，这几乎是必然的结局，与毒品扯上关系后，故事的结局通常不会很美妙。乔琳达说："我对海洛因、可卡因、酒精和香烟都上瘾。这四样东西完全压垮了我。"但她开始继续吸毒，虽然乔琳达刻意躲着孩子们，她以为孩子们不懂，也不会看到她注射毒品，她不知道，许多个日子里，小小的韦德和特拉吉尔躲在沙发后面，看着妈妈拍打着静脉，把针头刺进皮肤。如果当年她能够与那两双清亮天真的眼睛对视，只怕痛苦便不会如此持久。

孩子们很懂事，当母亲的卧室门紧紧关着，音乐声震天响时，特拉吉尔和德怀恩便知道他们得离母亲远一点。在6岁时，德怀恩便已经学会了察觉母亲的一举一动。假如某个晚上，母亲不像往常那样到了深夜才带着一身酒气回家，两个孩子就会蜷缩在母亲身旁看电视，看着情景喜剧《天才老爹》。沉醉在毒瘾中的母亲会闭着眼睛，听着电视声和孩子们低声地欢笑着，觉得这些声响仿佛离她很远很远。

韦德无法理解，也不知道那个可怕的男人从何而来，为什么会闯入他的家庭，毒打、控制他的母亲，并且试图控制他们姐弟。那个男人在乔琳达看来"简直就是地狱的化身"，无论谁在旁边，那男人都会肆无忌惮地将乔琳达当作沙袋殴打，小时候的德怀恩·韦德看见母亲受尽凌辱，哭叫着说总有一天要报仇。乔琳达说："我不想让我的孩子们在这种环境里长大，真的不想。可那时的我完全陷进去了。"

在芝加哥南部的这个街区，除了黑，就是白，有毒犯，就会有警察，白人警察们不会放过他们刷业绩的机会，他们会不定时杀到这里来，拘捕那些当街贩毒的帮派成员和吸毒的瘾君子。自从母亲重蹈覆辙吸毒之后，自从那个毒贩男友进入他们的家庭之后，韦德和姐姐一直活在提心吊胆之中，一旦他们看到母亲的那个毒贩男友以及他那些鬼鬼祟祟的同党出现在房子附近的时候，特拉吉尔总是准备好面对一切状况，她把弟弟拉到房子后面的房间里，时刻准备好，一旦警察开始敲门，姐弟俩就从后门跑出去，再从外墙的楼梯一路爬到顶楼外婆的后门厅，特拉吉尔总是让韦德先走，为了保护弟弟，她甚至愿意牺牲自己被警察抓走。

童年最悲伤的故事情发生了，那是 1987 年的春天，韦德五岁生日后的一两个月，他和外婆坐在公寓的门廊下，猫咪和狗晒着太阳，大街上的人川流不息，一个汉子拎着大收音机穿过街道，重金属音乐开到最大，街头还有人唱着 R&B，还有人和着音乐打拍子，在一片嘈杂声中，尖厉刺耳的警笛声呼啸而来，显然他们是直冲着这座小楼来的，这回躲不掉了。

警察封锁了前厅，韦德和姐姐一路气喘吁吁，穿过后门和楼梯，拼命拍打着外婆的后门，大声喊着外婆，外婆不在，幸而舅舅罗杰在家，他把两个受到惊吓的孩子接进了屋里，然后，韦德便从三楼的阳台上看到了令他终生难忘的一幕。从三楼的玻璃窗看下去，一楼的家已经被警察团团围住，那是一场真正的噩梦，母亲乔琳达戴着镣铐从家中出来，被送上了警车，家中并没有查出毒品，但母亲还是被拘捕了。

虽然那天母亲只是被拘留了一个晚上，但韦德害怕再次发生警察从他眼前带走妈妈的场面，从此，他不让母亲乔琳达回家了，在韦德的潜意识里，这里很危险。之后，他便很少与妈妈见面，直到幼儿园毕业典礼那天，韦德穿上了家里最好的衣服——亲戚送他的唯一的一件小西服。韦德站在看台上东张西望，居然发现妈妈站在家长的队伍中向他挥手，并骄傲地指着韦德，把他介绍给身边的人看——这是我的孩子。

后来，虽然母亲未能戒掉毒品，但她还是回到了这个家中。韦德爱他的母亲，无论她是怎么样的人。韦德最常做的事情，就是等母亲回家，特别是在冬天的夜晚，在那些妈妈没有回家的日子里，小韦德会坐在屋内窗台前，看着窗外的积雪，听着雪夜的风声，等着妈妈归来，直到在窗台前沉沉入睡，有人把他抱起来放回床上，只要他惊醒过来，他都会去看看妈妈有没有回来，当看到妈妈躺在自己的床上，不管她清醒还是迷糊，韦德都会放下心来。

韦德永远不能忘记的是妈妈被捕的那天，门外传来了外婆苍老的哭泣声和祈祷声：“上帝啊，请帮我的孩子渡过难关！”

在以后的无数个日日夜夜，韦德都能听到外婆的祈祷，她祈祷着上帝能够保佑她的孩子们远离毒品，远离一切罪恶和伤害。她的女儿、儿子、侄子、侄女、孙子几乎都遭受了毒品的伤害，在这样的环境中，想干干净净清清白白活下去，实在太难了。这个曾经的家庭顶梁柱、来自密西西比的九个孩子的母亲、六十五岁的坚强女性，能做的也只有祈祷和哭泣。

韦德因此暗下决心：等他长大了，一定不会让外婆再次因毒品而为她的孩子流泪。

03

外婆的守护

DWYANE WADE

韦德八岁以前的童年都是灰暗的，外婆和姐姐是他生命中仅有的两道阳光，护佑他蹒跚前行，越走越开阔，终于走出了那个糟糕的世界。

外婆名叫威利·梅·莫里斯，出生于密西西比的杰克逊，是九个孩子的母亲，曾是整个家庭的支柱。在小韦德的母亲陷身毒品的时候，外婆承担起了养育韦德的责任。对于小韦德来说，外婆不仅是一位慈祥的老人，一位亲切的祖母，更是他人生最初的导师。从小外婆就告诉了韦德许多基本的做人道理，这些朴素的道理一直伴随了韦德的成长，一直指引他成为篮球明星，成为千万富翁。这些道理包括：为人要忠诚，要懂得爱别人，要珍惜家庭，要耐心，要学会宽恕。

外婆常常盯着韦德的眼睛说："当一个人做错了事，伤害了你或伤害了你爱的人，以牙还牙不是什么好办法，要宽恕，要懂得进退，是宽恕，而不是遗忘。"

芝加哥的黑帮文化由来已久，你们可以从早期黑手党电影中复习那些历史，也可以去研究一下"芝加哥打字机"到底是什么东西（著名的汤普森冲锋枪，为大萧条时期芝加哥黑帮最喜欢使用的武器，也叫作"芝加哥小提琴"），出生在这样的环境中，是身不由己的事情。

韦德对童年所目睹的黑帮文化有着自己独特的理解。童年的时候，韦德家族的许多成员都在黑帮中活动，从某种意义上说，他们甚至一定程度上保护了韦德的成长。《教父》那样的电影告诉了我们某些无关正义的合理性，稍有历史常识的人们都知道，起初的时候芝加哥的帮会组织是出于服务性目的的，社区兄弟会为社区的人们提供帮助，增强底层人们的归属感。当政客、商人、教会无力解决问题，甚至不愿对这个上帝遗忘的角落提供帮助的时候，帮会组织就越俎代庖了。

事物总是两面的，社区兄弟会本质上还是游离于法律之外的组织，随着时间的推移，毒品枪支泛滥、犯罪也层出不穷，人总得生存下去啊。特别是这种以非洲裔美国人为主的社区，绝大多数人穷困潦倒、生计艰难，对于许多家庭来说，毒品交易甚至成了他们唯一的经济来源，这是一个可笑而又悲凉的事情。

小时候，韦德非常怕警察，因为警察留给他最深刻的记忆，就是当着他的面带走了他的妈妈乔琳达。这个社区没有别的白人，只要有白人出现，那必然就是开着警车带着配枪的警察。韦德常常躲在姐姐的身后观察这些执勤的公务人员，日久天长见怪不怪了，他甚至给一位戴着墨镜、行动僵硬的警察起了个绰号叫“机械战警先生”。他还得意地把自己的伟大创意告诉了自己的姐姐和死党发小，那个发小五岁的时候就成了专门替人拎包交易毒品的黑帮小弟。活在这个世界，如果不出意外，几乎所有人都会不由自主地卷进这个大旋涡中，成为黑帮的一分子。

年幼的韦德观察得非常仔细，他常常趴在窗前和走廊上，看着那黑白混淆的芸芸众生如何生存，他知道那些东张西望的青少年在做什么，他旁观着那些人的一举一动，每一个角落里发生的事情，每一个眼神交换，每一次握手和拥抱，那些把母亲拉入深渊的物品就这样在人海中不断传播。随着韦德的长大，毒品交易愈演愈烈，大大小小的黑帮角色演绎着他们精彩而又枯燥的人生轨迹，韦德清清楚楚地看到这些场景：买方拿着钱，卖方拿着货，两人越走越近，装作老朋友相逢一般，勾肩、拉手、拥抱，就像电影里演绎的那样，交易完成，东西进了各自的衣袋。韦德明白，毒品并不是人生唯一的行当，但对于英格伍德贫民窟的人们来说，几乎就成了唯一的选择，主宰了大多数人的人生。

在这里，是外婆保护了他们姐弟，让她们从小远离帮派的是是非非，老太太莫里斯在社区里拥有一个强硬而坚定的“铁娘子”形象，她正直而善良，虔诚而强硬，身上散发着与生俱来的端庄和威严，天生正气凛然，不怒自威。她机警而且自信，不畏任何罪恶，她敢于独自一人穿过芝加哥贫民窟，敢于从那些最危险的角落路过，无论是警察还是毒贩，都对她敬重有加。只要她往屋前的走廊和草地上一坐，路过的鬼鬼祟祟的帮会分子都会马上停下他们手中的交易，站得笔直，用恭敬礼貌的声音问候：“您好，莫里斯大妈，需要我们帮忙吗？”就连路过的警察也会从车里探出头来，问一声：“您好，莫里斯大妈，忙些什么呢？”

老太太莫里斯的正直和虔诚赢得了社区所有人的尊敬，无论他们在捣鼓些什么，他们都不会麻烦到莫里斯大妈，在年幼的韦德看来，外婆什么都不怕，无论黑帮还是警察，她的门厅是全世界最让韦德安心的地方。外婆常常把椅子放在门厅下，天气暖和的时候，祖孙俩常常在门外走廊里一待就是好几个小时。六十五岁的老人警觉地注视着门外的一切，德怀恩·韦德这时候常常蜷缩着自己小小的身躯，坐在外婆身后，在他心里，外婆的后背就是全世界最安全的地方。无论外婆催促多少次："宝贝，你该进去睡觉了。"他依然摇着头说："外婆，我不困啊。"然后继续蜷缩在老人家身后，直到沉沉进入梦乡。

人们对外婆的尊重让韦德一辈子印象深刻，这种印象扎根在韦德幼年的记忆中，他为自己是莫里斯老太太的孙子而自豪，并发誓要带着这种自豪前进，最终成为像外婆那样受人尊敬的人。

在外婆的护佑下，韦德一天天成长。平时，韦德最喜欢待的地方是学校，他生性爱静，学校里安全有序，很容易让人忘记家中和街头的那些烦恼，韦德学习成绩很好，也喜欢学校老师组织的游戏和课内项目，但一出校门，还得面对贫民窟糟糕的人生。

对于精力旺盛的芝加哥男孩来说，运动也是一株漂亮的忘忧草。小时候的韦德并没有展现出多少运动天赋，姐姐特拉吉尔还常常嘲笑他动作不协调。但到了六七岁的时候，韦德的身手开始变得敏捷起来。因为姐姐厌恶家中的环境，经常跑出去和自己的伙伴一起玩，而母亲乔琳达则嘱咐韦德："去，跟着你姐姐，看看她在外面做什么？"

小韦德便会像狸猫一样窜出去，尾随着姐姐和她的朋友，他们穿过街区，走过杂货铺、停车场，路过各种环境复杂的地方。为了不被姐姐发现，韦德常常猫着腰在汽车、垃圾桶后面穿梭，这需要极高的敏捷性和出色的反应神经，韦德发现自己简直是这方面的天才，他幻想着自己是一位高超的间谍，在执行着机密的任务。长大后的韦德认为这种儿时游戏对他日后的篮球生涯好处颇多，简直就是最好的障碍训练和敏捷性训练，他突破和无球切入的时候，利用的正是这种与生俱来的技巧。

ALDING
NBA

第二章

苦难微光

01

以乔丹为榜样

DWYANE WADE

20世纪80年代末，正是飞人迈克尔·乔丹横空出世的时代。在芝加哥，韦德见证了公牛队的第一次总冠军，那个时候韦德没有钱去球馆看乔丹，只有守在电视机前看他的表演，但是小韦德手里总是拿着一个笔记本记录下乔丹所做的动作，然后跑到外面去反复模仿。

生在芝加哥，很难不对篮球这项运动产生热情，但“风城”一年四季都会出现各种极端天气，秋冬时节天气非常寒冷，气候恶劣，春季却又寒雨连绵，不适合户外运动。相比春秋，韦德倒是更喜欢冬季，因为冬天会下雪，芝加哥银装素裹，仿佛身在一个白色星球，白天可以把自己包裹得严严实实出去丢雪球打雪仗，夜晚他可以趴在窗台前看着雪景等待母亲回家。

韦德最烦的就是春天，雨水总是下个没完，幸好韦德发明了他童年最初的“投篮游戏”，在雨水连绵的日子里，韦德会找出别人送给他的一只小小的硬质橡皮球，把它扔到墙上，然后弹回自己的手中，久而久之，韦德熟能生巧，他能把橡皮球丢得特别准。窗外门廊里有一个金属圈，如果韦德能够准确地把球投进金属圈，那么橡皮球就会反弹到地面上并弹回韦德手中；如果投不中，撞击在金属圈的边缘上，那么橡皮球就会飞出门廊，滚到楼下。这就麻烦了，韦德得冒着大雨跑下楼把球捡回来，淋成一只落汤鸡。所以，他必须投得特别准，六七岁的时候，他的投篮技术已经不赖了。

要说接触真正的篮球，那就和他的生父老德怀恩有关了，虽然离婚了，但老德怀恩一直给韦德和特拉吉尔每月提供着抚养费，在母亲没有重新染上毒瘾的日子里，父亲每个星期都会驾车前来看他们姐弟。韦德最喜欢夏天的时候父亲来看他，因为父亲是个“民间篮球高手”，姐弟俩最喜欢的事情，就是坐着老爹的破旧天蓝色雪佛兰，去看这位英俊的年轻工人打篮球，老德怀恩从前也有一个篮球梦，但他只能在工厂和社区的队伍中施展他的技术和天赋，他的队友和对手往往也是工人。

工人们在业余时间打比赛，不如说只是他们放松和娱乐的手段，甚至可以说，是他们的一场Party。韦德清楚地记得，许多叔叔带着全家去参加比赛，妻子、父母还有孩子，

甚至带着手提冷藏箱、野餐包和烧烤架子，仿佛是 NBA 的全明星周末一样，大家非常享受这种氛围。

但老德怀恩在这些业余比赛中威望极高，他对待比赛极为认真，球场风格极为强硬，他常常在比赛中严厉斥责自己的队友，打起球来咄咄逼人，很有野球场乔丹的感觉。老德怀恩身体素质出色，身高 1.90 米，肌肉发达，迅速而敏捷，弹跳尤为出色。能投篮，能切入，能抓篮板，除了不擅长三分球。他打起球来大开大阖，走如奔马，经常看到他连过数人腾空而起杀向篮筐，以一记战斧劈扣砸得篮筐叮当作响，动静大得地动山摇，这就是他父亲的比赛风格，那时，观赛的人群中会爆发出雷鸣般的喝彩声。

小时候玩伴们看到小韦德和特拉吉尔坐着那辆破旧的天蓝色雪佛兰，跟着那位会扣篮、会飞的年轻工人远去的时候，都会无比羡慕，因为在他们心中，老德怀恩就是大明星。

老爹德怀恩曾经也是一个有梦想的人，他想过当一名说唱乐歌手，当一名棒球手，他也曾想过进 NBA，那些周末业余比赛并不只是他的消遣，他曾想通过打球，成为一名体育明星，他把这些社区比赛当作了他圆梦的舞台。谁没有梦想呢？谁不愿通过自己的天赋和努力，摆脱自己的贫寒出生和底层社会地位，为自己和家人带来更好的生活呢？

小韦德并不会嘲笑父亲，他明白，虽然父亲是个粗线条的人，但他一直都有人生的梦想，并且一直都在努力，无论是打野球还是做一个普通的工人，他都一丝不苟，这并不容易。老爹对待篮球的态度在小韦德心中种下了种子，小韦德童年从未见过对篮球如此认真的人，他会因为球场的一两个球和对手争吵并干架。看着这样的老爹，韦德也有了自己的梦想。

02

支离破碎的家庭

DWYANE WADE

韦德很爱妈妈乔琳达，乔琳达也很爱她的儿子韦德。

韦德很爱爸爸老德怀恩，老德怀恩也很爱他的儿子小韦德。

乔琳达是个善良的女性，老德怀恩是个正直有梦想的男人，但为何这一切会演化成一幕爱情悲剧呢?

童年的韦德并不完全了解她的妈妈，他不知道他的妈妈有着怎样的过去，为何如此善良美丽的女性会深陷毒瘾？童年的韦德无从了解。他和姐姐特拉吉尔不止一次研究妈妈年轻时候的照片，姐弟俩赞叹她柔美而精致的五官，饱含深情的大眼睛，花瓣般柔和的嘴唇弧线，温柔而神秘的微笑，和那牛奶巧克力一般的绝美肤色。

乔琳达·莫里斯是莫里斯太太九个儿女之一，她是一位“清水出芙蓉，天然去雕饰”的美女，原本是外婆的骄傲。

据外婆所说，母亲乔琳达还擅长写作，老师们原本以为她会成为一个很有天赋的小说家，但毒品和酒精毁掉了这一切，母亲的一切梦想都破碎了。

但这一切都源于一代一代糟糕的家庭，外公为人粗暴，曾经当众撕毁乔琳达写作的本子，并且呵斥她写这些毫无用处，外婆莫里斯也有着酗酒的毛病，兄弟姐妹或多或少都有着抽烟喝酒的恶习。乔琳达在七八岁的时候，就在姐妹的怂恿下尝到了杜松子酒的味道，从此离不开酒精。十六岁的时候，她就怀孕了，生下了韦德的大姐狄安娜。十七岁的时候，乔琳达又怀了另外一个男人的孩子，生下了韦德的二姐凯莎，乔琳达只能退学。她既当不成模特，也当不成作家了，老师口中的那个充满学习潜力的好女孩不见了。

乔琳达离开学校之后，也曾经去工厂做过活计，但她无法摆脱心中的痛悔和羞耻感，这让她在生活中成了一个彻头彻尾的失败者，终于，她染上了毒瘾，并且开始酗酒，她在痛苦和麻木的深渊中愈陷愈深，最终无法自拔。

乔琳达为人内向，不善言辞，所以很多时候，即便内心孤独痛苦，她也只能一个人用酒精和毒品去排解这一切，这让她不断在深渊中坠落。直到有一天，她在大街上遇到了一个穿着滑板鞋的阳光帅气男孩，那便是韦德的父亲老德怀恩·韦德。那时候本在痛苦和麻木中挣扎的乔琳达突然感觉自己的人生被一抹阳光照亮，她心想：我可以和这个家伙在一起生一群漂亮的孩子。

于是，他们便戏剧般地恋爱了。起初二人邂逅的时候，老德怀恩才十五岁，比乔琳达还小两岁，这是一段姐弟恋。然而那天在老德怀恩心里，乔琳达·莫里斯也是人生中一抹最灿烂的阳光，他觉得他遇上了整个街区最漂亮的女孩子，他觉得哪怕乔琳达已经有两个孩子，他依然要爱她，要娶她，要为她成为一个真正的男人，为了她努力工作、努力挣钱，成为守护她和孩子的披甲骑士。

老德怀恩许多年后都会说："我不后悔，能够遇到整条街上最美丽的女孩，我觉得我瞬间成了真正的男人！"

然后他们就结婚了，并且做了多年的恩爱夫妻，刚结婚那几年，老德怀恩服了兵役，在星条旗下宣誓，成了美国陆军的一员，远赴巴拿马地区驻扎，夫妻聚少离多。乃至于他们的第一个孩子特拉吉尔出生的时候，老德怀恩也不能陪伴在妻子身边。虽然老德怀恩身上有着强烈的军人作风，即便退伍后脾气也很不好，但在那几年，他和韦德的母亲乔琳达相当恩爱，对前两个非亲生的女儿也照顾得无微不至。1982年，他们生下了第二个孩子——小韦德，因为夫妻二人未能在孩子的名字上达成共识，最后只能叫他"小德怀恩·蒂龙·韦德"，和父亲的名字一模一样。

原本一切都在向着好的方向发展，但一切却随着韦德的出生忽然急转直下了，这和夫妻二人的性格和青少年时期的经历有着相当大的关系。老德怀恩虽然看起来是个充满阳光的热血男孩，是个曾经为国效力的美国军人，还是一个曾经有着篮球梦的少年。但他同样有着糟糕的家庭环境和童年，他出生在单亲家庭，有个带着八个子女嗜酒如命常常烂醉如泥的母亲，在这样的家庭环境下，老德怀恩从小也学会了放纵和逃避，一旦遇到挫折和不顺心的事情，他总喜欢用酒精去麻醉自己。

一开始的时候，婚后的老德怀恩和乔琳达还是充满对生活的热情和对未来的希望的，夫妻二人生儿育女，努力工作，一切都很稳定，家人不挨饿，积蓄在增长，一切都在向着好的方向发展。但在生活稳定之后，危机反而发生了。要知道，老德怀恩和乔琳达都是拥有梦想的人，那时候他们不过二十多岁。当小韦德出生，一切生活归于平静和庸常的时候，他们忽然想到，自己在慢慢变老，一切摆脱现状扬名立万的梦想都在凋零，乔琳达的模特和作家梦破灭了，老德怀恩进军 NBA 的梦想也只能在梦中实现。他们在风华正茂的青春年华，不能放开手脚大干一场，去满世界实现自己的梦想，却只能在现实的逼迫下蜷缩在芝加哥贫民窟的陋巷中，整天被柴米油盐和四个孩子束缚住，对于有梦想的人来说，这令人绝望。

这时候，岁月积累的痛苦和不满爆发了，而这两位“梦想家”选择对抗痛苦的方式都是逃避，用酒精和药物逃避，他们甚至都回不去了，回不去那个街上最美的女孩子，回不去那个踩着滑板满身都是阳光味道的英俊小伙子。自然，爱情也回不去了，婚姻也走到了终点，粗鲁的酒鬼丈夫和糟糕的吸毒妻子是不会有好结局的。

老德怀恩主要的问题是酗酒，虽然也沾过毒品，却没有陷入太深；而乔琳达在爱情和婚姻幻灭之后就走得太远了，她迷恋大麻、迷幻药、海洛因、可卡因，这些把她彻底摧毁了。老德怀恩还想着努力挣脱这个深渊，但乔琳达已经无法前行，他们离婚了。

离婚那天，夫妻二人定下协议：不能让孩子知道父母离婚的原因。

03

去打比赛吧，宝贝

DWYANE WADE

韦德从小就有着敏锐的洞察力，在他六七岁，看着父亲打了几场社区小联盟比赛之后，就对篮球有了自己的见解。他看出了篮球是一项团队运动，尽管这都是一些低水平、低级别的比赛，他依然能够看出门道。

韦德悟出，这个游戏是由大家配合着来完成的，并不需要一个人精通所有东西，许多拥有不同特长的人配合起来，威力会更加强大。他甚至看出在这些小联盟比赛中，有些叔叔为了适应队友和整个团队，居然改变了自己的技术特点和打球风格，比如一个球员，他从前原本是一个控球后卫，当队中有了比他能力更强的组织者的时候，他就苦练投篮去了，成功变成了一位射手，这让韦德影响深刻。

当时最让韦德佩服的是，爸爸的球队中，除了无所不能的老德怀恩，还有两个迈克尔，大迈克尔又高又壮，是个篮下高手，小迈克尔瘦小灵活，他们之间有一套称霸野球场的配合套路，通常是小迈克尔突破，把球高高抛起，大迈克尔空切跟进，空中接球上篮，整套动作行云流水一气呵成。童年时期的小韦德对这套令人眼花缭乱的二人配合佩服得五体投地，他认为这是篮球场上最了不得的战术配合。直到多年之后，他才知道，这叫“空中接力”，他会和一个叫勒布朗·詹姆斯的家伙演练这招无数次，让它每周出现在五佳球集锦上，让它成为 NBA 赛场上一道令人津津乐道、回味无穷的美味大餐。

真正指导小韦德篮球知识的并不是父亲，毕竟那是一个粗线条的老爸，他总不能一开始就教韦德突进去扣篮吧，并且他每周才来看韦德一次，没有那么多时间完全花在篮球上。平时，陪小韦德玩篮球的是他的舅舅罗杰，罗杰是莫里斯外婆的儿子，性格沉静，不爱说话，他和小韦德很合得来，经常把篮球借给韦德玩。自从韦德见识了老爸在社区球场大杀四方的风采之后，就诞生了有关篮球的梦想，他会缠着外婆让她每天给一个小时让他练习篮球技术，罗杰舅舅会陪他走到户外，教他最基础的运球、接球和投篮，这是一段美妙的时光，感谢不爱说话的罗杰舅舅，韦德学会了最基本的篮球技术。

然而罗杰舅舅未能继续陪着他在篮球之路上走下去，他病了。有一天下午，阳光明媚，满头大汗的韦德练完球之后跑到三楼，去把篮球还给罗杰舅舅。但他发现罗杰舅舅一个人坐在躺椅上，两眼空洞而茫然地看着窗外，对德怀恩·韦德说的话充耳不闻，韦德很担心，也很恐惧，不知道发生了什么，后来他从一位姨妈那里知道，罗杰舅舅患了重病，需要住院治疗。他问姨妈罗杰舅舅生的是什么病，何时能够恢复，可是姨妈一言不发。

小韦德对大人们的沟通交流方式非常不满，他认为，既然自己是家庭中的一员，为什么大家总是要对自己隐瞒一些事情，总是不愿意和自己分享消息、商量事情。总之，罗杰舅舅再也没能恢复到从前的状态，他再也不能工作了，再也不能在阳光明媚的日子陪着韦德打球了。

没有人陪伴，七岁的韦德心情就像芝加哥的天气一样糟糕，他开始闷闷不乐，连篮球似乎都不再那么有趣了，因为他开始发现，似乎生命中有许多事情他根本掌控不了，一切都是无常的命运，他很担心罗杰舅舅的糟糕命运降临在别人身上，特别是他那个并不健康的母亲乔琳达。

这时候，反而是母亲乔琳达对韦德说：“去打比赛吧，宝贝！”

二十年后，韦德依然记得，说那句话的时候，那个毒瘾缠身，并不称职的妈妈脸上似乎散发出迷人的神圣光辉，她似乎在那一瞬间恢复了一个母亲最真实最质朴的母性本能，她爱她的孩子，希望她的孩子健康快乐了，做自己喜欢做的事情。那天，乔琳达还

问韦德："宝贝，谁是你最爱的女孩子？"

"当然是你啦，妈妈！"

从此，七岁那年的漫长夏天，不是父亲，不是罗杰舅舅，而是他充满争议的母亲乔琳达，每天拿着罗杰舅舅的篮球，陪着韦德去离家六个街区的华盛顿公园球场练球。对于一个七岁的孩子而言，华盛顿公园简直像一座小城市那么宏伟，游泳池、游乐场，最重要的是——一块一块的篮球场连成了一片，一直延伸到天边，对于热爱篮球的人来说，那简直就是天堂。韦德每一次都恨不得在华盛顿球场的这几个小时可以无限延长，那么他就可以永远运球、跳投、上篮，无休无止地跑下去。

当韦德像一只欢快的小鹿在球场上运球飞奔，来回折返跑的时候，妈妈乔琳达则拎着一瓶爱尔兰野玫瑰（一种酒）坐在场边的椅子或者毛毯上，笑盈盈看着儿子奔走跳跃。那种幸福溢出的感觉，直到韦德夺得 NBA 冠军的时候，才能与之媲美。

韦德人生中的第一场印象深刻的比赛，发生在 1989 年 7 月的一天，那天是特拉吉尔 12 岁生日，午后她和小伙伴们去了游泳池，乔琳达对韦德说："德怀恩，我们约会去吧。"他们去了第五十三街的篮球场，场上人来人往，大家都在打比赛，并没有空缺。一般情况下，韦德得在队伍轮换或者缺人的时候，才能得到上场的机会，毕竟打比赛的都是大孩子们，要得到人家允许，韦德才能加入比赛。

然而妈妈乔琳达总是恶作剧，她没有好好坐着观战，而是把儿子向前推："去打比赛吧，宝贝！"韦德不由自主地被推到了场中，如果不是妈妈推了一把，韦德会老老实实等着球场出现空缺，但那天，他只能去主动寻找打球的机会。那天打球的人特别多，所有的场子几乎都已经满员。从小孩子，到青少年，甚至是那些四五十岁的大叔，一个个都组队打得不亦乐乎，韦德问了许多场子，都被拒绝了，直到又一次被一个年长领队拒绝的时候，对方的球员却说："我们这边刚好有人休息，就让这个小孩子试试吧。"于是韦德成功地打上了比赛。看到儿子终于顺利上场，乔琳达露出骄傲而又满意的笑容。

那一场比赛，德怀恩·韦德打得像他老爹一样勇猛而认真，他使尽浑身解数，去防守，去抢断，去上篮。两队球员一开始原本把他当作一个凑人数的小孩子，己方球队甚至把他当作一个拖后腿的。但韦德的表现让所有人大开眼界，他与那些成年人凶猛对抗，弯下腰寸步不离进攻球员，不断伸手骚扰对方，从那个先前不想让他加入的领队手中断下皮球，低手上篮成功，那些大人对他的凶猛斗志和激烈表现表示惊奇和赞叹。

他成了两支球队中最亮眼的明星，韦德自己也很兴奋，他觉得自己简直就是一个超级英雄，可以做到一切事情。快乐总是短暂的，天很快就黑了，可是韦德沉迷于球场上的快乐，总是不愿离去，直到母亲乔琳达不断念叨："宝贝，该回家了。"

韦德依依不舍地离开了让他第一次成为英雄的篮球场，妈妈又对他说了一句话："宝贝，你要记住，你的生活不只是篮球。"

虽然七岁的韦德并不明白这句话的含义，但他深深记住了另外一件事情，在他犹豫不决的时候，在他退缩在后，寄希望于等待的时候，是妈妈乔琳达把他推上前去，并对他说："去打比赛吧，宝贝！"

山不来见穆罕默德，穆罕默德就去见山，比赛不来找韦德，韦德就得自己去打比赛！

天上不会掉下比赛的！

04

姐姐，改变命运的谎言

DWYANE WADE

小时候，韦德最担心的事情，是警察忽然出现和母亲经常被带走。每当警察一次次闯进家中，猛烈敲打门窗的时候，韦德都会感觉到恐惧和无助。

乔琳达是个善良的女人，她本可成为一个好母亲，但她却摆脱不了毒品的控制，她甚至希望用贩毒来改变生活，但这只是让她泥足深陷无法自拔。外婆莫里斯太太从来不在女儿面前唠叨生活的困境，她还特意嘱咐韦德和特拉吉尔："不要让你们的妈妈难堪！"

因为有一个长期昏昏沉沉、神志不清的妈妈，韦德不但没有新衣服、新鞋子穿，甚至很多时候他还要饿肚子，在七八岁的时候，饥饿感经常充斥他的四肢百骸，尽管外婆常常吼叫着让他上楼和自己一起吃饭，但韦德不愿意，他不愿意让外婆知道，自己的母亲乔琳达是个不称职的母亲。

于是，生活的重担开始落到年幼的姐姐特拉吉尔身上，从韦德很小的时候开始，特拉吉尔就把韦德抱在臂弯，像母亲哄孩子一样摇来摇去。姐姐身上有一种母亲没有的品质，那就是专注于目标，并全力以赴！母亲只会用毒品来麻醉自己，逃避现实，让自己暂时忘记痛苦和屈辱，稀释孤单和失落，但她低估了毒品的力量，这些来自地狱的药物邪恶而且强大，会让一个人的人格彻底屈服于欲望，并且难以戒断。

所以，在很多时候，都是姐姐特拉吉尔在韦德的生命中扮演母亲的角色。

小时候，特拉吉尔是韦德的守护神，她比韦德大五岁，是她教弟弟识字，也是她教弟弟打架，是她擦掉他鼻子上挂着的鼻涕，是她将猪肉豆子跟所有能找到的东西混在一起，为全家做一顿饭——假如家里还有猪肉和豆子的话。他们挣扎在贫困线之下，靠政府每月的救济和免费发放的奶酪过活。她常常想要逃离这个家庭和自己的责任，把弟弟留在家中，让他与一个永远不清醒的母亲与两个经常不着家的异父姐姐待在一块，但七岁的德怀恩拒绝接受这种安排。他必须和姐姐在一起，他必须和姐姐一样。每当特拉吉尔走出大门，他就会跟着溜出去，鬼鬼祟祟地跟在后面，每当姐姐回过头来，就立刻把自己小小的身体掩藏在垃圾箱或者汽车后面。最后，他还是会大摇大摆地跳出来，这只是因为离家太远，姐姐没法赶他回去了，她只得让弟弟当她的小跟班。

特拉吉尔不愿意她可爱的弟弟一辈子生活在这样的环境中，和美国城市的很多郊区一样，毒贩横行于英格伍德区，白天夜晚常常会响起枪声。特拉吉尔曾看见弟弟的一个同班同学运送白粉，她不想弟弟重复如此糟糕的人生。在那些饥饿的日子里，韦德甚至想过和他的同龄人一起去做“放哨小弟”（给帮派毒品交易把风），以换取零花钱，糖果的诱惑力很大。韦德之所以没有去做这样的事情以换取食物，还是源于对外婆的敬畏，在莫里斯老太太面前，他不敢做任何越轨的事情。

德怀恩·韦德是个好孩子，他倔强而又羞涩，内向而又调皮，在这个黑白交错混乱不堪的社区中，他像白纸一样纯净，特拉吉尔不能容许她的弟弟和街头那些孩子一样，长大之后迅速踏进父辈轮回的地狱，一辈子与帮派毒品混在一起，韦德必须离开这里，外婆和自己不能守护他一辈子。

随着韦德渐渐长大，那栋三层小楼和周围发生的事情越来越糟糕，母亲的毒贩男友每天把一些不明不白的人带进家中，两位同母异父的大姐姐更是肆无忌惮地把她们的男朋友带进来，母亲不再工作，常常躲在卫生间借着流水声的掩盖吸毒。韦德经常饿肚子，饥饿感贯穿了他整个八岁以前的童年，他常常要等着姐姐特拉吉尔放学回家分给他一些面包圈。在这期间，韦德在楼下垃圾桶发现了自己认识的一个男孩的尸体，母亲又被警察拘捕了两次。

最令韦德绝望的一件事，还是发生在母亲乔琳达身上，那是一个下午，韦德放学后路过一个肮脏的街角，发现了一群瘾君子三五成群靠在墙角享受他们的下午时光，他们有男有女，衣衫不整，有的在注射，有的在吸食，甚至有人在垃圾堆中翻找毒品，丑态毕露。就在此时，韦德发现了他的母亲乔琳达，她靠墙半躺，四肢松塌塌地，眼神空洞而麻木，韦德冲着她大声喊叫，可是妈妈竟然没有看过来一眼，她此时竟然认不出自己的孩子了！

韦德放声痛哭，他把这件事告诉了姐姐，特拉吉尔在悲痛之余，再次下定了决心，她在教堂向着上帝发誓，要让弟弟韦德离开这里。特拉吉尔会想起自己母亲和父亲的悲剧，这里是一个令人绝望的旋转迷宫，好端端的希望都会变成绝望，所以父亲下定决心离开了母亲，远离了这个混乱的街区，远离了帮派和毒品，老德怀恩似乎已经走上了生活的正轨，虽然他也只是个工薪阶层，大半辈子都在安德森印刷公司当运货员，工作颇为辛苦。但他已经在芝加哥南部安稳的地区有了自己的公寓，有了新的女友贝茜·迈克丹尼尔。总之老爹那里，好歹没有毒品和帮会，好歹有房子，有汽车，有水电，不会困窘不堪饿肚子，更不会整天有乱七八糟的人出入家中导致警笛长鸣，不会让孩子时时刻刻担惊受怕提心吊胆，不会看到吸毒的母亲和垃圾桶中的男孩尸体。

1990年暑假快结束的时候，八岁的韦德就快上三年级了，那天他正坐在回廊里，像往常一样陪外婆看着下面的街道，十三岁的姐姐特拉吉尔招手叫他下来，她问韦德：“小家伙，想和我一起去看电影吗？”韦德当然愿意了，他甚至没有问是什么电影，就随着姐姐狂奔而去，冲上了公交车。

他们整整坐了十五分钟公交车，韦德记得电影院离家并没有这么远，但他在兴高采烈中并没有注意到窗外的标志物。他只觉得，向来健谈得有些话痨的姐姐全程一言不发，沉默得有些奇怪，当公交车行驶到了西七十九街和马什菲尔德交叉路口的时候，韦德才醒悟过来，这不是去看电影，这是老爹的新家，也是他未婚妻贝茜的住处。韦德认识那栋熟悉的多层公寓，认得那个熟悉的后院，因为父亲曾经带他来过。

在站台口，韦德发现了贝茜的儿子唐尼，他正一个人在后院耍着玩具剑，对着空气比画，似乎正在练习击剑。特拉吉尔问韦德：“你想不想下车，去和唐尼玩一会儿。”“当然。”韦德顺口应道，他对击剑这件事非常感兴趣，但当时他只是以为自己只是下车玩一会儿，然后还得陪姐姐一起去看电影。

于是他们便下了车，韦德去了后院和唐尼玩在了一起，加入了他的击剑比赛，而特拉吉尔则径自走进了贝茜和老爹的公寓，韦德并没有多想她干什么去了。过了不久，唐

尼的哥哥德米提斯也来了，他还带来了一只篮球和其他几个小孩，他们开始打篮球，韦德更加沉醉其中了，几个小时在不知不觉中飞逝而过。

姐姐特拉吉尔从小巷中走了出来，韦德还在与小伙伴们酣战不休，完全忘了看电影的事情，姐姐笑吟吟地问韦德："你打算走吗？"

韦德不假思索说："不。"然后继续去抢德米提斯手中的篮球。

特拉吉尔似乎早就料到会有这样的答案，她继续笑吟吟地说："好吧，要是你愿意，你就留在这里过夜吧。"

韦德欣喜若狂，问姐姐什么时候接自己回去，特拉吉尔犹豫了一会儿说："放心，我会接你回去的，德怀恩，明天吧，我明天来。"说完她就踏上了回家的路。

在打完球之后，父亲老德怀恩·韦德宽厚雄壮的身影在公寓门前出现了，咧开嘴露出了他招牌式的微笑，小韦德高兴地冲上去，想跳起来和父亲击掌，然而却一点都没有碰到，在小韦德面前，1.90 米的老德怀恩像大山一样高耸入云。

05

后院的幸运儿

DWYANE WADE

韦德当时并不知道姐姐欺骗了自己，也没有想到姐姐会一去不回，他当然也不知道，只有在这里，只有和父亲在一起，才有可能实现自己的篮球梦。那天晚上，他什么都没想，只是打完篮球之后和兄弟们跑到厨房就着剩饭剩菜大吃了一顿，他已经很久没有吃饱饭了。

姐姐第二天没有来，韦德继续和德米提斯三兄弟打篮球，姐姐第三天也没有来接他，第四天也没有，第五天也没有，直到整整一周过去，韦德才知道，姐姐不会回来了。当时他并不知道姐姐为什么要欺骗他，直到长大许多后才明白，姐姐为了他的未来做出了牺牲——本来姐姐可以自己投奔父亲并留下来的。

那天下午小韦德和唐尼在后院玩击剑的时候，13 岁的姐姐特拉吉尔就跑上楼去找了爸爸的现女友贝茜，说服她收养自己的弟弟小德怀恩·韦德，贝茜和父亲都同意了，得到承诺后的姐姐转身离去。

当时的韦德并不懂得这些，他只知道拨通姐姐的电话，哭喊着说："你说谎。你说会带我回去的，你怎么还不来啊。"韦德当时不明白，为什么姐姐会让自己一个人离开暴力街区，来到父亲身边，而不是让她自己脱离苦海，获得幸福。

幸而篮球就像孩子的糖果，甜蜜的感觉可以冲淡一切哀愁，韦德完全沉浸在篮球世界中了。但当时的小韦德尽管对篮球很有热情，在篮球场上也不过是个普通的角色。但是他始终用坚韧的精神和自己的头脑不断弥补自己技术细节上的不足。那时候每个夏天，小韦德都和自己同父异母的哥哥德米在自己后院的篮球架下挑战每一个对手，而他们俩最难缠的对手就是他们的老爸。老德怀恩总是和兄弟俩打 21 分制的对抗（注：街头篮球的一种，先得 21 分的球员获胜），而自己也总是镇守在篮下一次次挫败两个儿子。

老韦德在一家印刷厂工作，挣的钱足够供起这个在芝加哥郊区奥克朗的家。业余时间，他在绿岛娱乐中心的球馆给一群十几岁的孩子们的球队当教练。他经常带德怀恩·韦德来练球，教授他比赛的基本知识，传授他技巧之间细微的差别。球队中最好的球员是韦德同父异母的兄弟德米提斯，他对韦德在篮球上的发展也有很大的帮助。

新家庭如此深深浸润在体育氛围之中，韦德对篮球的喜爱开始如夏花绽放。后来他成了一个忠实的韦伯和密歇根五虎的球迷，球队的竞技性和凝聚力强烈地吸引了他。尽管他很喜欢篮球，韦德还算不上一个一般意义上的好篮球手，但他用坚韧和聪慧弥补了技术方面的不足。他和德米把所有的来访者都带到房子后面的场地上，老韦德还经常让他们参加一些社区内的比赛，那里每个人都真刀真枪地干。

父亲和母亲还是有所不同的，他虽然只是一个退伍老兵，一个印刷厂工人，虽然也有着情绪和性格上的种种问题，但他本质上是一个可以用理智压制情绪的人，他在走上弯路之后能够靠自己强大的自控能力把自己逼回正道上，这让他改变了自己的人生，与前妻乔琳达走上了不同的道路，他靠着自己的努力拥有了新的、正常的生活，有了新的女友，有了自己的房子和稳定的收入，这对孩子来说是至关重要的。老实说，无论乔琳达多么爱韦德，当时沉溺于酒精和毒瘾的她，都没有资格做韦德的母亲。

这里安全，这里没有帮派、毒品和枪支，这里与牧场大街拐角处相比，简直就是天堂，更重要的是，这里可以每天打篮球。当八岁的韦德刚刚与父亲、父亲的女友贝茜，以及她的三个儿子住在一起时，他一定并没有后来NBA赛场上的杀手本能。在此之前，他的身边围绕着女性，她们都曾尽自己所能宠爱着他；他不喜欢篮球，他想和姐姐们一起玩跳绳。父亲的新女友贝茜对韦德非常好，她很善良，待他像待自己的儿子一样温柔。那时候父亲的公寓还不大，床上也睡不下那么多孩子，几兄弟就把枕头铺在地上，在地板上度过了一晚。

后来，老德怀恩和贝茜准备结婚，他们又搬家去了治安和教育状况更好的伊利诺伊州的罗宾斯，老德怀恩从亲戚手里买下了带有三个卧室的房子，全家都搬了过去。当韦德第一次来到罗宾斯的时候，感觉自己到了仙境。和从前相比，最明显的区别就是每天早上起来的时候，都能听到啾啾的鸟鸣声，居然听不到习惯的枪声了！这里犯罪率很低，晚上只能听到蟋蟀的叫声和汽车驶过的声音，韦德觉得他们就是杰弗逊总统一家。韦德去了斯普林菲尔德小学继续他的学业，他居然可以在这个小学认识到不少白人小朋友。

每到假期的时候，韦德和兄弟们都可以在后院的简易篮球场上度过一整天的快乐时光。长韦德两岁的德米提斯回忆说：“那时他很软弱，就像是个小婴儿。他跟他母亲住一起时，他是家中唯一的男孩。可是跟我的兄弟们住在一块儿，他身边可都是大男人了，打球时怎么能哭鼻子呢？”

在韦德家的后院，父亲开辟了一个狭小的篮球场，在这里，比赛绵延漫长、血腥味十足：先玩 21 分制热身，再玩二对二比赛，一直到深夜。没人叫犯规，每个人都可以动用身体各部分出招；所有人都只知道进攻、进攻、再进攻；真正的男人上篮得分，只有懦夫才会选择跳投。

老德怀恩把军人的脾气和素质带到了训练场上，他要求孩子们强硬、勇敢并且拥有纪律性。老德怀恩打篮球非常崇尚身体对抗，他甚至在训练场上画出了一个区域，叫作“非犯规区”，在这个区域可以任意对进攻者犯规，不给任何轻松得分的机会，这迫使韦德兄弟让自己变得更强壮，学会用身体碾压对手。这时候已经不再是玩游戏了，而是真正的篮球训练，他逼着孩子们不断练习左右手运球、滑步防守和突破上篮。

韦德家有着传统的运动基因，老德怀恩出色的身体素质在社区远近闻名，他年轻时甚至还是橄榄球和棒球好手，韦德的爷爷也曾经是小有名气的社区运动健将。老德怀恩本人就对篮球爱得疯狂，小韦德记得，年轻时的父亲在社区篮球场上总是一副恨不得把球场掀翻的神情，他飞天遁地，冲撞对手，从人缝中杀过突破暴扣，在场上冲对手喷垃圾话，冲着不努力的队友怒吼，他简直把篮球当作橄榄球去打，现在他要求他的孩子们也像他一样强硬而认真。

父亲是韦德最早的教练，有时候，他只许韦德用左手投篮，直到深夜都不让他休息，泪水在小德怀恩的眼睛里打转。“坚强一点！”父亲大声说，“如果你能在黑暗中投篮，你就能够在任何地方投篮得分。”韦德的结发妻子西奥·沃恩与他是青梅竹马，她家就在两个街区开外的地方，她说：“老德怀恩真的一点情面都不讲。当时看他那样训练，我心疼极了。”

老德怀恩不仅仅是教练，也是儿子们最难缠的对手，他常常在他们面前扣篮，用尽一切方法挑衅他们，日复一日地刁难他们，想要激起他们的斗志，他解释说：“我并不是要有意为难他，我就是太好胜了。道理其实非常简单：假如你能打败我，你就是最优秀的。但首要的一条是，你得真真正正打败了我。”好胜就像血液一样，流淌在韦德家族的血管之中，直到韦德在 NCAA（全国大学体育协会）成名之后，老韦德依然在努力打篮球，他的目标是：50 岁时还能扣篮，所以你就可以理解韦德为什么总是那么勇猛刚烈，一往无前。

在后院打篮球的日子里，爸爸给韦德起了个外号，叫作“幸运儿”，因为韦德有一种神奇的天赋，他总能在遭遇犯规的时候强行出手。小时候他协调性不好，总是被姐姐嘲笑，总是走着路自己把自己绊倒，然而现在在剧烈的篮球对抗中，面对强壮的父亲和哥哥，韦德更多的是被别人撞倒。父亲和兄弟们下手可从来不留情面，他们肆无忌惮地推他、撞他、顶他、绊他，要知道，那时候的小韦德还只是个八九岁的孩子。无论犯规多么明目张胆，老德怀恩就是不吹哨子，因为这就是他的规则。

那个夏天，韦德每天都要摔个几十次，久而久之，习惯成自然，韦德就练出了自己的一套“绝学”，他学会了如何在摔倒的时候避免受伤，学会了如何在摔倒失去平衡的时候出手投篮，后来无论他以什么姿势摔倒，无论是趴着还是躺着，在落地之前，他总会奋力把篮球抛向篮筐，很多时候皮球总会神奇地应声入网，韦德渐渐习惯了在剧烈的身体对抗中投篮或者上篮。老德怀恩对这种球颇为赞许，他眼见着自己的儿子被撞得人仰马翻的时候还能用各种奇怪的姿势得分，这让他老怀大畅。虽然他嘴上还是讽刺儿子：“这不过是运气罢了，没有人能够保证命中这些奇怪的进球，你只不过是个幸运儿罢了。”

所以父亲开玩笑说韦德是个“幸运儿”，事实上韦德很享受这个外号。这个绝技后来随着他在NBA大放异彩而名扬天下，人们把他匪夷所思、跌跌撞撞的突破进球唤作“迷踪步”和“韦德摔”。当时的韦德并不知道，这招后院里练出来的绝学或许要刻在NBA的技术史册上，供后人研究学习。

孩子们一天天长大，最年长的德米提斯已经成为里查兹高中校队的明星。在美国陆军服役三年的经历，令老德怀恩意识到纪律的意义。虽然在印刷公司工作，但他对家中的几个孩子实行军事化的管制：所有人都不许戴帽子，不许穿低腰裤，身上不得有文身，也不许戴耳环。有一次德米、韦德、唐尼哥儿仨偷懒没有倒垃圾，而把垃圾袋丢在楼下的水沟中，老德怀恩知道后暴怒，严厉教训他们说：“你们这是不尊重整个社区的表现，没礼貌没素质，是在让韦德家族蒙羞。”韦德的父亲就是这么一个严厉得矫枉过正的人，他不愿意当年自己少年时犯的一些错误在孩子身上重演。他要让孩子们知道，他们一切的言行举止都会对整个家庭产生影响，一旦形成，就会根深蒂固、坚不可摧。

家中的四个男孩，三个都曾在里查兹高中的杰克·弗茨杰拉德教练手下训练过，这位教练说：“三个孩子有一个共同点：他们从不使小性子，从不旷课，从没缺过一节训练，从来不惹一点麻烦，而他们生活的小区治安并不算很好。现在你很明白了，这一切都应该归功于谁？”

韦德这小半辈子，从未在肌肤上文身，从未在球场上和对手发生暴力冲突，傲慢、乖戾这些统统与他无缘，他从来是个谦谦君子，父亲的教育功不可没。

第三章

情定篮球

德 怀 恩 · 韦 德 传

01 写给篮球的情书

DWYANE WADE

在父亲身边获得稳定的生活之后，小韦德重新得到了上学和打篮球的机会。

除了成为“幸运儿”之外，韦德还开始迷恋和模仿乔丹的篮球动作。1990/1991 赛季是乔丹和公牛神话的开始，那年乔丹成为最有价值球员，公牛以创队史纪录的 61 胜结束了常规赛，季后赛中，公牛击败了难缠的宿敌底特律活塞，摧毁了“坏小子军团”。公牛队历史第一次挺进总决赛，并且以 4 比 1 气势如虹地击败了老牌豪强洛杉矶湖人。

韦德整个系列赛都盯着电视机不眨眼，最令他难忘的一幕是“篮球之神”迈克尔·乔丹突破之后高高跃起，似乎要在萨姆·帕金斯脑袋上暴扣，就像他从前对帕特里克·尤因所做的那样。萨姆·帕金斯并非等闲之辈，他第一时间旱地拔葱跃起准备封盖，然而乔丹在空中完成了人类篮球史上的一个经典动作——空中悬停换手，把原本要扣进去的球凌空收了回来，然后用左手轻盈挑篮成功，整个动作气定神闲又行云流水，浑然天成不带任何人间烟火味。

韦德见识了这一招之后，下巴都快惊得掉在地上。那年的春夏两季，美国人的篮球梦彻底苏醒了，和韦德一样，几乎所有人都成了迈克尔·乔丹的球迷，那些期待自己成为 NBA 明日之星的孩子们，怀揣着梦想纷纷涌向公园、校园、街头球场去打球。小韦德也不忘指手画脚模仿乔丹的动作，他甚至开始模仿乔丹的动作、气质和神情，有一次姐姐特拉吉尔来看他，发现德怀恩·韦德走路脚步很奇怪，就问他在搞什么鬼。韦德说：“乔丹就是这么走路的啊。”特拉吉尔忍俊不禁。韦德问姐姐，自己到底是像迈克尔·乔丹还是像斯科特·皮蓬，姐姐不假思索答道：“你最像德怀恩·韦德！”

在老德怀恩·韦德的严苛训练之下，小韦德的球技日益精进，他继承了父亲出色的运动天赋，突破尤为了得。

韦德长大了，他就要上高中了。韦德上高中之前，曾经给篮球写过一封令人啧啧称奇的“情书”：

在 2000/2001 赛季的夏天，高中生活结束，而我是时候上大学了。

我尽我所能将你留在我身边，但是你并不想跟我走。

你说我要成为男子汉，说我依赖你太多太多了。

所以，你离开我了，让我感到失去自信与爱，感到困惑。

为什么你不再爱我了呢?

从我看见你的第一眼，你就占有了我的心。

对你的思念将我唤醒，对你的心意使我入睡。

你充实了我，然而你却离开了我，为什么? 你怎么可以这样?

你让我感到无所事事，无人可对。

是你将我打造成如今的男子汉， 是你读懂我。

而我，自内心深处便确信，你一定会回到我身边的。

因此，所有能加深爱你的方式，我都实践了。而且我要你永远不要离开我。

然后，2001/2002 赛季来临，你咏唱出了我最渴望听到的词:

“来自伊利诺伊州罗宾斯，身高 1.93 米，司职后卫，德怀恩·韦德！”

我们又立刻地彻底地相爱了。

致我的初恋——篮球比赛。

我爱你……

当这封散发着对篮球炽热爱意的情书写完之后，韦德跟随自己的哥哥德米进入了芝加哥当地奥克朗区的里查兹高中。里查兹高中是当地最为闻名的橄榄球名校，已经拥有了斗牛犬这支明星橄榄球队，他们同样希望能够建立起当地顶尖的篮球校队。而德米当时已经是校队主帅杰克·弗茨杰拉德阵中的王牌。

刚刚入学的时候，相比弗茨杰拉德教练小韦德给校橄榄球队教练留下了更深的印象。的确，在美式橄榄球的草场上，小韦德超人一等的爆发力和速度得到了完美展现。无论是防守时担任角位还是进攻时出任外接手，他都能漂亮地完成防守和突破。但这依然无法阻止他对篮球的热情，他还是加入了校篮球队，但在高一的时候，小韦德并没有获得太多的上场时间，而他的弟弟却已经是球队的明星。到了高二的时候韦德还只能代表二年级队打比赛。与此同时，哥哥德米已经带领校代表队打出了 28 胜 2 负的骄人战绩。高中时代的韦德，和前辈巨星科比和詹姆斯相比，星光黯淡，他根本入选不了“麦当劳全美高中篮球最佳阵容”，也没有机会参加各家球鞋品牌赞助商的青年训练营。

可以说小韦德在刚进入高中的时候并不是那么引人注意，起码在篮球场上，他一直没有能够达到自己理想的目标，瘦小的他不受教练的重视。但面对挫折，小韦德并没有灰心，他一直在努力。

而此时，一个女孩在韦德生活里出现，对韦德以后起到了举足轻重的作用，她就是韦德的前妻西奥·沃恩。在高中之前两个孩子就见过面，但当时还只是朋友。但到了高一，进入青春期后，两人就开始正式约会了。从那时开始，两人就成了正式的男女朋友。有了善解人意的女友在旁边，经受挫折和失败对于年轻的韦德来说也许就不那么难过了。而女友的鼓励和支持，是韦德不断鞭策自己的动力。更重要的是，此时韦德的父亲老德怀恩和现在的妻子也出现了情感问题，婚姻破裂，还遭遇了雪上加霜的失业打击。在这种情况下，西奥·沃恩一家将韦德收养并供他读书，甚至将女儿的未来托付给韦德，这给高中初期不如意的韦德带来了一丝温暖。

在高中，面对不受重用的境地，韦德决心苦练以获得在校队的常规出场时间。于是，在整个学期的暑假，韦德都在里查兹校助理教练加里·亚当斯的帮助下，在球馆里挥汗如雨地加练。韦德凭着自己的突破技术上了高中，为了让韦德的技术更全面，亚当斯教练在队内比赛中制订了一条规则：韦德上篮得分，不算！

在酷热难耐的夏天，当其他学生都在度假时，韦德却心甘情愿地在地板上接受亚当斯的“折磨”。经过训练，韦德的控球技巧有了显著的提高，而且在外线的进攻能力也有了不小的进步。每天做上百次的跳投练习，让韦德的身体也起了变化，在这段时间里韦德的身高突飞猛进地增长了 10 厘米，已经超过了 1.80 米。经过了夏天的历练，无论从身体上还是技术上，韦德都有了能胜任任何级别的高中比赛的能力。加上在篮板拼抢方面顽强的表现，这颗迅速升起的新星如愿以偿地进入了校队主帅弗茨杰拉德的视野。

一进入校队，韦德就被当作了那种 Go-To Guy(作最后一击的球员) 来培养。当德米毕业离开校队后，韦德接过了哥哥的衣钵，带领斗牛犬队征战，而事实证明，弗茨杰拉德的确具有伯乐的眼光。韦德在成为校队主力后如鱼得水，在赛场上所向披靡，无所不能。当球队需要突破紧逼防守时，弗茨杰拉德就让队员把球传给韦德；当时球队需要一个内线大力灌篮鼓舞士气时，他们还把球传给低位的韦德……这一年，韦德在高中联赛平均每场独取 20.7 分和 7.6 个篮板，爆发式的表现震惊了整个芝加哥地区，引起了那些求贤若渴的大学球探的注意。

拉里·巴特勒是这些关注者中的一员，此人来头不小，正是美国大学联盟里劲旅伊利诺伊勇士队的主帅。勇士队是伊利诺伊州最有实力的业余篮球队，拥有值得炫耀的阵容名单。后来成为 NBA 球员的大学明星达柳斯·迈尔斯，T.J. 卡明斯，马特鲁迪奇以及韦德最好的朋友布朗克森，都是实力超群的明星球员。巴特勒希望能够为迈尔斯找到一个合适的替补，韦德正是最好的人选。他可以跑快攻，也可以抢篮板球发起快攻，还可以用身体扭曲的上篮终结一次漂亮的快攻，韦德身手如此全面。

韦德最闪耀时刻的爆发是在耐克的全美新人训练营上。虽然不是厂商最有统治力的球员，但韦德表现出了极其冷静的头脑和判断力，特别是在关键时刻的表现极佳，这样的表现是任何一个聪明的球探都不会错过的。

升入高三后，韦德已经成为中西区高校的热点人物。马圭特、德保罗和伊利诺伊州立等几所大学都对他表现出了浓厚兴趣。而韦德更是用一个不可思议的赛季对这些关注给予回应。在高中最后的疯狂赛季，韦德平均每场轰下 27 分抢到 11 个篮板，几乎每场贡献两双。带领里查兹高中高歌猛进，最终取得 24 胜 5 负的傲人战绩。

尽管韦德在里查兹高中打出华丽的数据，但在评选伊利诺伊州篮球先生投票时他只获得第 7 名。达柳斯·迈尔斯赢得这一称号，艾迪·库里得到的票数也比他多，他还没有成为自己想成为的那个人。

高中的篮球初恋结束了，NCAA 的火热激情朝他扑来。

02

从冷板凳到 NCAA 超级巨星

DWYANE WADE

篮球的事情很顺利，但韦德的学业却出了问题，这个问题说来话长。这是从韦德小学时期就一直延续的事情，由于从乡下地方到市镇学校，再加上韦德内向的性格，他在沟通方面存在一些问题。据韦德自己所说，他没有搞懂的学业问题，他是不愿意主动求助于别人的。

学业的问题导致了篮球梦没那么容易实现，高中毕业之后，成绩糟糕的韦德仅仅收到了三所大学的通知书。

虽然上了大学，不过韦德却没有篮球奖学金。由于韦德在大学入学考试（ACT）中得分较低，人们害怕他无法在学习上突破，所以大部分学校退缩了。马奎特大学却是例外。助教蒂姆·巴克利喜欢韦德的一切，无论场上和场下。他说服了主教练汤姆·科林让这个孩子试一试。马奎特大学最后让韦德成了一个“合格者”，也就是说，他可以像一年级生那样随队练习，但不能打比赛。

由于韦德入学考试的成绩比马奎特大学标准线低了一分，按照要求，他在大一时不能参加大学联赛，身材瘦弱的他只能在举重房里拼命训练。在与一线队训练时，他得司职控球后卫。而在比赛时，他只能站在助理教练席中拼命地记录着比赛要点，指出队友在哪些方面做得不够好，虽然处境艰难，他却因此学会了如何客观地看待和指挥一场比赛。

虽然韦德在马奎特大学一年级时未被允许参加比赛，但在那一年他参加了球队的“午夜疯狂扣篮赛”，还赢了。他向队友和教练展示了他出类拔萃的运动天赋和火箭一般的瞬间爆发力。

虽然在篮球道路上不算顺利，但韦德却收获了爱情的结晶，在圣诞长假里，韦德向高中女友西奥·沃恩求婚。到了来年春天，西奥·沃恩怀孕了。此时韦德刚刚 20 岁，但他下定决心不能让孩子经历他曾经的遭遇，他想要一个真正的家。

坐在板凳席看比赛对韦德来说非常难受，科林主教练通过让他密切地参与比赛减轻了他的负担。在主场比赛时，他会确保韦德就坐在旁边，并持续地提问考查他如何应对不同的局面。新人不能随队打比赛，所以客场时科林教练就会在比赛后在更衣室放一部手机，让韦德可以同队友交谈。

随着赛季比赛的进行，他逐渐成熟自信起来。在教室，他努力学习，保持着良好的分数。在训练场上，他增加了比赛的维度，并在体重上增加了9公斤。到了2001年秋，德怀恩·韦德终于对他正式的大学比赛迫不及待了。

NCAA第一年的冷板凳也没有白坐，从韦德后来的发展来看，正是这大学第一年的板凳生涯成就了韦德全面的技术。训练时，韦德在球队中的角色就是陪练，他说“我今天在训练中扮演对方球队的球星，明天就扮演对方球队的核心后卫，后天还可能扮演对方的内线球员，大后天还可能当对方的三分投手。”到了比赛的时候，穿着西装的韦德不仅负责做记录，还要画出战术路线图。中场休息的时候，韦德还要和教练站在一起，帮助教练训话。这一年，韦德在场下掌握了全面的技术，从而形成了他现在既不是组织后卫，也不是得分后卫，就像超级巨星杰里·韦斯特一样的双能卫的打法。

韦德在大二经过补习之后终于达到了成绩标准线，获得了上场比赛资格。主教练科林对韦德能够上场同样激动，这是科林执教马奎特大学的第三年。他之前是密歇根州大学主教练汤姆·伊索的助教，他在马奎特大学校队的重建工作卓有成效，令人印象深刻。金鹰队在他的头两个赛季中胜率超过50%，随着韦德的加入和新人特拉维斯·迪安纳的到来，以及二年级的组织后卫科德·亨利，科林有了全美NCAA联盟最为全面的后场组合。在前锋线上，二年级的中锋斯科特·梅里特能提供大部分的得分火力，球队人才济济。

德怀恩·韦德正式打比赛对球队的影响立竿见影。在他大学生涯的头五场比赛中，球队获得全胜，他均场得20分，9个篮板，接近5次助攻。马奎特大学在阿拉斯加挑战赛中表现出色，排名全美第17位。德怀恩被选为整个锦标赛的最杰出球员和全美周最佳球员，由此可见科林教练慧眼识英才，韦德也是真金不怕火炼。

当时光来到 2002 年的时候，德怀恩持续着他的上佳表现。他在对阵德保罗大学时得到了令全场沸腾的 35 分，他还在那场比赛中表演了惊艳的一幕，他接亨利传球，上演空中接力反手扣篮。在二月，他帮助球队终结了辛辛那提大学的 20 场连胜纪录，他们以 74 比 60 战胜对手，韦德得了 25 分。在那天，几乎有一万九千名观众会集在布拉德利体育馆观看这场比赛，赛后他们将韦德和他的队友们众星捧月般拥簇起来。

马奎特大学金鹰队杀进 NCAA 疯狂三月后，被寄予了很高的希望。但他们在揭幕战上遭遇了狸猫般灵动的塔尔萨，这个难缠的对手给了他们的致命一击，马奎特大学以 69 比 71 败北，直接出局。不过这场失利也算部分地得到了补偿，因为韦德入选全美最佳阵容，并被评为全美优秀球员。韦德作为马奎特大学的头号得分手，刷新了校队的纪录，在二年级即得 571 分。韦德在篮板、助攻、抢断和封盖上均为全队之首，一颗巨星在一年蛰伏后冉冉升起。

03

马奎特大学之耀

同年，更大的幸福降临了，德怀恩·韦德和西奥·沃恩有了他们的爱情结晶，他们迎来了第一个孩子扎伊尔，韦德和妻子喜不自胜，尽管在大学时代就成了幸福的父亲，但韦德依旧要把注意力更多地放在篮球上面。因为他第一个正式赛季的表现并不稳定，也不均衡，他要努力改变这个状态。整个夏季，他花费了大量时间钻研录像，在2002/2003 赛季，他发誓要持续保持水准，他也花费了很多时间改进他三分线外的跳投。

马奎特大学 2002/2003 赛季变得更加强大，他们得到了密西西比州大转过来的罗伯特·杰克逊和预科学生球星史蒂夫·诺瓦克。这让韦德的队伍如虎添翼。在赛季的早些时候，金鹰队确立了他们就是 USA 联盟最好的球队之一。韦德和蒂纳组成的闪电后场在 NCAA 是摧枯拉朽般的存在，而杰克逊和梅里特在油漆区工作做得极好。马奎特大学稳健地攀升到全国排名前十。

德怀恩是那种对手们竭力要阻止的对象，但这个任务几近不可能。金鹰队需要什么，德怀恩·韦德就会做到什么。在赛季后期，在对阵路易斯维尔的一次比赛中，他一马当先，杀入一帮凶猛的人群中，抹平了 19 分的差距。在这次攻击波中他投中两个三分确保了胜利。一周后，他拿下 26 分，抓下 10 个篮板，球队也击败了辛辛那提队，夺得了第一个联盟冠军头衔。大二学年他场均能够拿下 17.8 分 6.6 个篮板 3.4 次助攻，打出 26 胜 7 负。此后的韦德开启了自己的巨星之路。

金鹰队准备全国的锦标赛时，韦德决心避免那种早早出局的情况。不过在全国锦标赛的揭幕战中，马奎特大学还是被勇猛顽强的圣十字学院吓了一跳，他们陷入了苦战，直到比赛快结束的几分钟才占据优势。韦德的后场搭档蒂纳是比赛的关键，他得了职业生涯中最高的 29 分，球队也以 72 比 68 胜出，而韦德打出两双——15 分 11 次助攻。

接下来是又一次惊心动魄的加时，他们对阵密苏里，全场落后，直到最后时刻打出了一波 10 比 0 的高潮，常规时间结束时，诺瓦克的一记关键时刻的三分远射扳平了比分。马奎特大学在加时赛中手感极好，中投及罚球全部命中。韦德打出了 24 分 8 个篮板 7 次助攻的全能表现。

在16强战中，面对一心防守的匹兹堡，马奎特大学竭尽全力拿下了另一场艰难的胜利，以77比74击败匹兹堡黑豹队。韦德在下半场挺身而出，几次关键投篮帮助球队领先对手，砍下了全队最高的22分。

他们杀入了NCAA八强。1977年马奎特大学第一次进入八强，那时传奇教练艾尔·麦克奎尔率马奎特大学夺得全国总冠军。这一次的八强战中，金鹰队居然爆冷击败了一号种子肯塔基。肯塔基野猫队直到终场哨声响起的时候也没有想通到底是什么击垮了他们。马奎特大学以83比69轻松获胜，胜利的背后是一个星光闪耀的韦德。他得了29分，11个篮板，还有11次助攻。他打出了一个三双，是疯狂三月历史上仅有的几次。他毫无疑问是中西区决赛上的MVP人选。

马奎特大学的神奇之旅在最后四强对阵堪萨斯时结束了。天赋奇高、配合绝妙的松鹰队用他们流畅的比赛扼杀了金鹰队的梦想，马奎特大学以61比94惨败给了对手。

2003年，韦德入选美联社评选出的“全美第一阵容”，他也成为马奎特大学历史上入选此阵容的第一人。同一年，韦德获得年度美国球员大会提名，并被评为年度最佳防守球员。两个赛季中他一共得到1281分，排在院校历史得分排行榜第20位，并以150次抢断、79个盖帽的成绩排名第9位；2002/2003赛季，韦德一共得到710分，创下了马奎特大学单赛季个人总得分最高纪录；他带领马奎特大学队在NCAA联赛中闯进四强，这是自1977年赢得全国锦标赛冠军后，马奎特大学第一次取得如此好的成绩。

虽然没有夺冠，但这个赛季仍然是一个伟大的，特别是韦德，他让NBA球探们大为惊奇，叹服于他的多才多艺、领导能力和从容沉着。他被一致评为全美第一阵容，场均得到21.5分、6.3个篮板、4.4次助攻和2.2次抢断。现在他肯定能获得一个选秀的顺位，他选择参加NBA选秀。马奎特大学的每个人都希望他能做到最好。他在大学三年里是一个模范学生和运动员的结合，在硬木地板上带领金鹰队到达了这个国度里最显著的位置。有着妻子和儿子的支持，他值得拥有一个高位的首轮选秀。

CBS SPORTS
3
C-USA

MARQUETTE
3
STATS
0
2
C-USA

MARQUETTE
3

3

04

一场比赛，让母亲归来

DWYANE WADE

无论在高中还是在大学，无论已经名扬天下的潜力新星韦德是多么风光无限，他依旧未能忘记他的母亲乔琳达。就在搬去父亲公寓住的那几年，韦德也时不时由爸爸陪同去看妈妈，只不过妈妈清醒的时候实在太少了。

仅有的一次清醒时刻，乔琳达却因为吸毒被捕，韦德隔着监狱的铁栅栏探望了妈妈，回家的路上，他在父亲的臂弯里泣不成声。

当德怀恩·韦德在 NCAA 大杀四方的时候，住在芝加哥的母亲乔琳达仍然未能戒除毒瘾和酒精，而且仍然未按照警方要求按时报到。早在 1989 年，老德怀恩带着女友和儿子搬到了芝加哥南郊的罗宾斯区，那里的环境更加安全。不久，特拉吉尔也离开了母亲。之后又一个女儿逃走了，只剩下长女狄安娜留了下来。乔琳娜说："失去孩子时我有什么感觉？我根本已经失去了活下去的愿望。我不知道怎样才能把他们找回来，只有自己苟延残喘过一天算一天。"四年后，她第一次被捕，被认定非法持有可卡因，被判刑四年，结果她在州立监狱蹲了七个月大牢。父亲曾经带着 11 岁的韦德前往库克郡监狱看过一次母亲，韦德说："后来我再没去过那里，我没办法看到我的妈妈被人铐起来，真的不能。"

1996 年，在韦德 14 岁时，乔琳娜被判持有并意图销售可卡因，她说："开始时，我只是想靠卖毒品赚点零用钱，到了后来，我卖毒品的钱全都用来维持自己吸毒。"在入狱数月后，由于她未能按期向监外工作组织报到，被予以重判。她说："他们说我是想逃跑。当时，我的心魔在召唤我，我没法摆脱这种毒瘾。"

曾经有一次，特拉吉尔带她出去兜风，一路上，女儿抽泣着乞求母亲跟她一起去教堂，特拉吉尔不停地说着："上帝是爱你的，求求你了。"韦德也曾经不断地告诉她，他也爱她，每每听到这三个字，乔琳达总是失声痛哭，因为她知道，自己不配拥有这份爱，可是这么多年来，儿子从没有对母亲说过一句狠话，从来没有对母亲置之不理。

最后，在 2001 年 10 月 14 日，在韦德读大二时的一天，乔琳达坐在教堂里，当听到《提摩太后书》中所说"有敬虔的外貌，却背了敬虔的实意"时，她感受到了一种刺骨的羞耻感。她打电话给一位朋友，宣称过去的那个乔琳达·韦德已经死了。这位朋友开车将她送到一处位于印第安纳州南岸市的房子，这里与世隔绝，没有美沙酮（常用的戒毒药），没有任何东西，唯有绵长的祈祷。乔琳达在痛苦中煎熬，汗如雨下，大病一场，最终，她在这个月里戒除了毒瘾，告别了酒精。接下来的一个月，她又戒烟成功。接着，到了 12 月时，她在一间教堂的厨房里与儿子见面，她向儿子询问了结婚的安排后，告诉了他一个好消息——也是坏消息。她已经没有选择，如果她想要成为真正的母亲，成为将要出生的孩子称职的祖母，她就必须向警方自首。

新年前夜，乔琳达自首。在新的一年里，她的儿子升级成为父亲，步入结婚殿堂，并且成为篮球新星，领导着马奎特大学队取得了 23 胜 4 负的成绩，并且带领这支球队在 26 年里第一次进入美国大学联赛四强，而母亲只能在监狱里度日如年。读着孩子写来的信，她感觉自己找到了一些信心，可是整日困守在监牢里，却又令她开始怀疑自己。她知道一旦自己重获自由，她还是很有可能做出错误的选择。乔琳达说："我一直左右摇摆。我确实曾经有过很深的毒瘾，一有可能就会复吸。可是关键在于，我自己想要走哪条路。"

2002/2003 赛季，韦德总共得到 710 分，创下马奎特大学单赛季最高得分纪录。同年（2003 年），在 NCAA 联赛中西部区的决赛中，马奎特大学队战胜肯塔基大学队进入全国四强，韦德当时得到 29 分 11 个篮板 11 次助攻，成为马奎特队自 1994 年以后第一个获得三双的球员；也是自 1977 年赢得全国锦标赛冠军后，马奎特大学第一次杀入全国四强。

2003 年，韦德入选美联社 NCAA"全美第一阵容"，成为马奎特大学历史上入选此奖项第一人； 同年，韦德获得年度美国球员大会提名，并被评为年度最佳防守球员。在大学的两个赛季，韦德共得 1281 分，排在学校历史得分排名榜第 20 位，并以 150 次抢断、79 个盖帽的成绩排名第 9 位。

2003 年 3 月 8 日中午，韦德走上了密尔沃基的布拉德利中心球场开始热身，比赛的门票全部售空，看台上观众的声音越来越响。他从没如此紧张过，他从未如此迫切地想要打出一场完美的比赛。这不仅仅是因为读大三的他将要跳过最后一学年，直接参加 NBA 选秀，而这将是他的最后一次大学主场作战；这不仅仅是因为他将有机会带领马奎特大学击败常胜将军辛辛那提大学，取得这个学校的第一个美国联盟冠军。就在三天前，韦德的母亲刚刚从德怀特市的一所最高警戒级别监狱释放。在此之前，她只看过儿子的一场比赛，那还是他刚刚读高中时。乔琳达·韦德第一次可以看到，她的儿子长成什么样子了。

韦德并不是唯一一个紧张得要命的人。乔琳达害怕极了：我看起来还行吗？会不会有人对我说些什么？报纸会不会想要挖些内幕？有没有人知道我是他的妈妈？她害怕毁掉属于儿子的时刻，她害怕令儿子蒙羞。

韦德不停地抬头向观众席偷看。这天上午，姐姐特拉吉尔刚刚带着母亲从芝加哥赶到这里，她得先征得假释官许可，同意她离开伊利诺伊州。而在此之前，韦德一直不敢与母亲说话，因为他害怕一旦情感如同洪水决堤，将会令他在赛前崩溃。他已经有将近16个月未见过母亲一面。他之前的一生，仿佛都在为这一刻作铺垫。当他刚刚出生时，母亲仿佛听到冥冥中有人说出一个词——“Blessing”（赐福），她曾经想拿这个词作为他的名字“赐福·韦德”。他很庆幸自己的出生纸上没有真正写成这个名字，可他一直在努力令这个字眼成为他的象征。无论是读高中还是大学时，韦德都会拼尽全力，因为他相信，他是母亲生命中唯一的那么一点希望。如果他真的能有一番成就，走出贫民窟；如果她看到他做出了一些非凡的成绩，那么，也许他可以拯救她。在过去的这一年里，几乎每一天，母子俩都在给对方写信。

“如果有谁能够激励你的灵魂，”德怀恩在信中写道，“那一定会是我。我将会令你知道，你终将克服这一切。”

所以，对辛辛那提大学的这场比赛至关重要。对德怀恩·韦德来说，这是第一次，他的母亲、他的儿子、他的妻子和他的姐姐——所有他最热爱的人齐聚一起，观看他的第一场锦标赛，他的脑海中翻腾着一种从未有过的感受：在他的生活里，总是充斥着痛苦与希望，这令他支离破碎，现在，他重新成为一个完整的自己，一个被爱所包围的自己。看到母亲、看到他们所有人在为他加油是什么的感觉？“我觉得，这就是人生的价值啊。”韦德说。

对乔琳达来说，看着儿子像个英雄一样打球，感觉就好似一场梦，在这场比赛里，韦德拿了26分和10个篮板，是球队的领袖。她曾经在信中读到过这些，现在，她真的可以亲身感受到儿子有多了不起。她听到密尔沃基的球迷大声呼喊着“韦德、韦德、韦德”——这也是她的名字，她看到在赛后，球迷们将他高高抬起来。当母子的眼神交会的一刹那，她听到脑海中有一个声音在说：“乔琳达，现在你又得到了一个机会。一个成为真正的母亲的机会。”

“上帝啊，又一个机会？你知道我离开了他多少年吗？”乔琳达说，“我错过了他长大成人的15年好时光，可我竟然还可以得到一个机会。”

韦德说：“那场比赛，那一天，改变了一切。”

2004年，乔琳达开始在教堂讲道，随后获得了教区牧师的资格。韦德为她买了一幢房子，离他在芝加哥郊区的家很近。他每天都跟母亲说一会儿话，在母亲的指引下，他在精神上日益强大坚定。西奥·沃恩发现了这种变化：“一旦出现了一点小的突破，紧接着，在他身上发生了许许多多正面的改变。这真的就像是多米诺效应。他更加敬畏上帝，更加重视家庭，他的生活重心开始转移。这并不是说，他不再拥有渴望胜利的动力，只不过他的整个价值观、整个精神基础都被重新搭建起来。”

乔琳达则继续坚持拒绝一切毒品和烟酒，五年过去了，日复一日，她都在咬紧牙关抗拒各种诱惑，她说：“如果说‘那个东西’已经完全不会回来找我，不再对我说话，那我是在骗你。酒精曾经回来过，海洛因曾经跟我说过话，有时它们甚至会一起发出诱惑的声音。可是关键在于，当它们找到你时，你会做什么。现在，我做到了不再任它们摆布。”而在韦德看到母亲讲道，看到母亲在迷失多年后成为如今的样子，他又该做何感想？母亲的改变超越了NBA总冠军，超越了种种荣誉、名望和金钱，对他来说是最宝贵的东西。她也成了他的英雄。

这也就是为什么，如今韦德和韦德全家人都相信，所谓的奇迹绝对不是很久很久以前发生的某个超自然的神话故事。奇迹确实存在，它就摆在他们所有人的眼前。就连马奎特大学教练科林也感觉到了奇迹的发生，那天下午在布拉德利中心球场，比赛结束后，他看到母子俩坐在空荡荡的更衣室里相拥而泣。他轻轻合上门，走出去参加新闻发布会，在他讲完后，韦德走了进来。没人知道乔琳达的故事，可是他并没有想要掩饰母亲的过去，让母亲从后门偷偷溜走。不，他高高抬起头，右手揽着母亲的肩膀，左手紧紧握着母亲的手，满满一屋子的人惊异地看着他们。

“他想让大家都看到他母亲的改变，”科林说。看到母子二人相互依靠的情景，教练的眼中泪光闪烁，他冲出了新闻发布会的现场，不想让人看到他被感动得流泪的样子。

第四章
淬火之刃

德怀恩·韦德传

01

迈阿密的意外豪礼

DWYANE WADE

2003年，德怀恩·韦德登陆NBA。当NBA的观众第一次见到韦德的时候，他还是一个清瘦的少年，他有着闪电般的突破速度，和美国本土球员少有的“欧洲步”切入脚步。当时人们把他的突破叫作“迷踪步”，把他唤作“闪电侠”。但是选秀的时候，因为身高不足和投篮不稳定，人们对他并不看好。然而神灵庇佑，帕特·莱利没有犯当年开拓者错失乔丹的错误，他在第五顺位选择了韦德，拥有了这位“矮了五厘米的乔丹”。

莱利当时说：“韦德是我们最好的选择。”这已经对迈阿密2003年选秀的意义做了最好的诠释，即便莱利说这句话的时候，也不会意识到这一次的选择，换来的是这位来自马奎特小伙一生的忠诚。就像当初有人问韦德为什么选择马奎特大学时，韦德回答：“因为科林教练是第一个给我打电话的，这里面有忠诚的因素。”球探报告上对于韦德的描述：身高1.93米，体重95公斤……劲爆的身体素质，全能的风格，撕裂防守的突破能力……投篮不出色。

2002/2003赛季，热火的战绩是25胜57负，这糟糕的战绩给了热火一个契机，让他们拿到了首轮五号签。2003年6月4日，在新秀测试最后，韦德在训练师蒂姆·格罗沃面前一记势大力沉的灌篮吸引了所有人的注意，这是他在NBA锋芒毕露的开始。

2003年的选秀一直被认为是自“96黄金一代”以来最盛大的一次大丰收。勒布朗·詹姆斯球还没怎样就已经拿下状元的皇冠。NCAA的大赢家卡梅隆·安东尼则是一副很委屈很冤枉，实际上我比詹姆斯更强的样子。米里希奇即使鲜有上场打球的机会，坐在板凳上也能频频招来摄像师的特写。克里斯·波什也凭借“加内特二世”的架势在多伦多吸引着人们的关注。而韦德几乎完全被大家忽略了，人们只会偶尔提一提这小子突破不错，但没有靠谱的投篮。

韦德在2003选秀大会之前并不是热门，而且位置也比较尴尬。一方面，他的身高不足和投篮不稳让他在二号位上没有明显的优势；另一方面，他本身不是一名很出众的控卫。ESPN（娱乐与体育节目电视网）的著名记者查德·福德曾在当年的模拟选秀顺位上把韦德排在首轮第13位。不过灰熊队的总经理杰里·韦斯特非常看好韦德，并一度

希望能在这个位置上选到他。

拥有首轮 5 号签的热火队原本计划在选秀大会上选择一名大个子，他们的头号目标是克里斯·卡曼。然而在芝加哥准备试训卡曼的时候，帕特·莱利无意间看到了在场地另外一边训练的韦德，并对他表现出了浓厚的兴趣。不久之后，他便邀请韦德去迈阿密进行试训。在最终准备做出抉择之际，莱利给乔丹的训练师蒂姆·格罗沃打了电话，因为在选秀大会前，韦德和卡曼都接受过格罗沃的训练。“韦德或者卡曼，你会选择谁？”莱利当时在电话里问道。“帕特能给我打电话并征求我的意见，让我感觉受宠若惊。”格罗沃事后回忆道，“那一刻，我的脑海里突然闪过了 1984 年的选秀大会，当时开拓者队没有选择乔丹，而是选择了萨姆·鲍维。所以我就建议他选择韦德。”

2003 年 6 月 24 日，选秀大会当天现场。韦德的经纪人亨利·托马斯接到热火管理层的电话，并知道了他们的决定。之后他悄悄走到韦德身边，并在他耳边轻声说道：“告诉你一个消息，不过记得保持住你的面部表情，热火会在第 5 顺位选择你。”

勒布朗·詹姆斯成为状元，被骑士队选中。接着有三支可能得到韦德的球队——底特律活塞、丹佛掘金和多伦多猛龙都与他擦身而过。迈阿密最好的圣诞礼物就这样来了，他们以第五顺位把韦德带到了迈阿密。

而在2003/2004赛季开始时，热火队就传来一个不妙的消息，莱利辞去了主教练职务，他把大权交给了助理教练斯坦·范甘迪。韦德开始了他的菜鸟球季，迈阿密热火队和当时的教练范甘迪对他是充满了期待，而迈阿密输掉了前七场比赛。

随着赛季的深入，人们渐渐认识了韦德，以及他对这支球队的影响。2003年12月22日对阵勇士——韦德砍下32分新高后的第三场比赛，他再次刷新个人数据的新高，砍下33分8次助攻。拥有这样的爱将，主帅范甘迪每天清晨都在微笑中醒来，他认为韦德每天都在以肉眼可见的速度变强。

次年2月18日，在对阵爵士的比赛中韦德砍下31分，爵士主帅杰里·斯隆对个这身披3号的小伙子甚是喜爱，他被韦德独特的攻击力所吸引。“他让我们的防守形同虚设。”简单的一句点评，足以形容韦德在进攻上的能力。

韦德对职业比赛的调整适应，对球队的苦苦挣扎有所帮助。对手很想知道他们是否能持续击退这个外围的跳投者，所以当他在圆弧处拿球时他们都会后撤，放韦德远投，这使得迈阿密的半场进攻时常陷入困境。快攻时，韦德杀入篮下毫无困难，但最后一击时的终结效果却困扰着他，他新秀赛季的突破终结效果，并不比现在的威斯布鲁克强多少。为此，助教鲍勃·麦卡杜和基思·阿斯金让他尝了尝橄榄球运动的滋味。在练习中，他们两个用大的垫子，在他持球突入篮下时不停地拍打他。

伤病总是喜欢和韦德纠缠，在比赛初期韦德因为髋骨挫伤错过了一些比赛，并且在11 月后半段的一次比赛中摔倒时，重重地伤到了右手手腕。挫伤没能完全康复，所以他整个 1 月几乎都在场外坐着。

韦德在 2 月对阵奥兰多魔术时得到了职业生涯的第一个两双——27 分 10 个篮板。四天后，他又创造了联盟新秀历史上的纪录，在对阵亚特兰大老鹰队的时候 15 投全中。接下来的一周他被评为 NBA 东部联盟周最佳球员，成为热火队第一个新秀获得此项荣誉的人。

到了 3 月，迈阿密在东区迈进前八，韦德正在慢慢赢取他入选 NBA 年度最佳新秀的支持者。但在最后的投票中他名列第三，前两名是詹姆斯和安东尼。均场 17 分，超过 4 次助攻，韦德在比赛中有全面的表现。同样令人印象深刻的还有他 47.4% 的中投命中率，在联盟的后卫群中仅次于萨姆·卡塞尔。热火在最后 21 场比赛中赢得了 17 场，最后以 42 胜 40 负，在整体实力平平的大西洋区排名次席。

虽然韦德季中数度遭遇一些伤病，整季参加了 61 场比赛，但其中 56 场都是以首发球员登场。季中不断有好表现的韦德，在 2004 年 2 月 23 日的那周成为热火队史上第一个以新人之姿拿下当周东部联盟最佳球员的人，同时也是 NBA 史上第 21 个做到这件事的菜鸟球员。在当年的洛杉矶 NBA 全明星赛的新秀对抗赛中，韦德获选为首发球员，仅上场 27 分钟即交出 16 投 11 中，拿下 22 分 3 个篮板 4 次助攻的成绩。

对于一位刚入联盟的菜鸟，从 2 号位到 1 号位的调整是最难的事之一。参加选秀的时候，人们普遍认为韦德的身高打 2 号位太吃亏，但韦德在之后的比赛中逐渐展露出他的进攻天赋和技巧之后，所有人都改变了这个看法，甚至觉得韦德得多少分都是理所应当的事情，没人再去关注他的身高。

2004 年 3 月 17 日迎战黄蜂，奥多姆第三节被驱逐，韦德以 23 分 7 个篮板 6 次抢断带领球队主场六连胜，热火逐渐在东部崭露头角，这和之前的赛季比较，简直是脱胎换骨。到第 70 场的时候，韦德因为各种伤病已经缺席过 21 场比赛，这对于新秀而言，多少令人沮丧，但韦德有一个与众不同的天赋，每一次从打击中走出来后，都会变得更强一些。他以 46.9% 的全队最高命中率，场均 16.4 分排在新秀第三。埃迪·琼斯认为只要韦德健康，就是最佳新秀：“我一直认为他是最佳新秀之一，这点我在赛季开始前就已经告诉你们，他真的非常非常具有天赋。事实证明了这点，他没有让我失望。”2004年4月10日，热火主场迎来状元勒布朗·詹姆斯的挑战，詹姆斯得到24分7个篮板8次助攻，还有8次失误。韦德则砍下20分7次助攻5次抢断，带领热火取胜——主场11连胜。

韦德整个新秀赛季下来交出了16.2分4个篮板4.5次助攻1.41次抢断的成绩单，和当时阵中的埃迪·琼斯、拉玛尔·奥多姆一起带领球队重回季后赛，被视为热火队的希望。该季热火队常规赛拿下42胜40负，胜率0.512，以东部联盟第四进入季后赛。

常规赛结束，没有外界的过度关注，在一片安静的气氛中，韦德已经完全适应了NBA的节奏。如果常规赛是球星的舞台，那么季后赛就是对超级巨星的一次考核。对韦德的考验在第一年就来了。

02

为大场面而生

DWYANE WADE

2004年4月19日，韦德的第一场季后赛，同时也决定了他为大场面而生的特性。在最后一个回合，热火黄蜂战到79平，时间剩下11秒，韦德胯下变向卡出半个身位，一路贴着防守者突破到篮下2.1米的地方抛投，球越过马格洛伊尔，完成一记伟大的绝杀。一个乳臭未干的菜鸟，第一场季后赛，绝杀对手，这些因素足以让这一球被历史记住。韦德天生就是这种环境下的胜负手，他被队友哈斯勒姆称为“麻烦少年”——专为对手制造麻烦，没错，在拥有“闪电侠”的称号之前，队友们一直这么叫他。韦德显露峥嵘，让所有的旁观者大为惊讶，他的季后赛处子秀上得了21分。赛后韦德淡淡地说了一句：“我有点儿季后赛经验了。”淡定得像久经沙场的老将。

两队在系列赛上拉锯般交替着赢球，迈阿密在第五场再次倚仗着韦德的发挥。这次他远程发炮投中关键的一个三分，打破了80平的僵局，热火从而领先。两天后，在新奥尔良赢球的那场，韦德创造了联盟的新秀季后赛得分纪录——27分。在决定性的第七场，热火依靠球队整体的发挥以85比77胜出，进入东部联盟半决赛。

热火进入第二轮，这对当时的迈阿密已经是难以置信的高度。他们的对手是步行者，拥有众多的低位好手：小奥尼尔、阿泰斯特、哈灵顿，还有着联盟最好的客场战绩。而迈阿密空间篮球的优势在于转换进攻，然后通过韦德和奥多姆不断地给对手的内线制造麻烦，搭配阿尔斯通，埃迪·琼斯以及卡隆巴特勒一干外线射手。

步行者的任务是“不顾一切”地在韦德身前堆建人墙，逼迫他离开内线而去选择跳投。一旦韦德突破了第一道防线，必定有第二层防守对其堵截，并随时有另一个人时刻准备协防，这就造成了热火至少有一个空位的机会，而韦德并不是那种盲目的胜负手或者得分手，这就是为什么巴特勒在G7有这么多空位机会的原因。

热火已经0比2落后，第三场是输不起的比赛。全场最佳镜头：奥多姆低位持球，韦德无球切入禁区，手术刀式的空切，在天空划出一道白色光芒，在全联盟最好的低位防守者之一——杰梅因·奥尼尔头上生生把球砸进篮筐。

这场比赛一直僵持到第四节中段，热火打出了一波7比0的小高潮，韦德的一次干

拔和隔扣，为球队拉开了比分。韦德在第四节砍下 14 分，带领球队以 94 比 87 战胜步行者，这是强大的步行者在季后赛的第一次失败，他们败在了一名新秀的手上。

此刻韦德的名字忽然占据了所有媒体的版面，似乎横空出世一般，“他无所不能，已经成为热火关键时刻的依靠”。在系列赛的前四场比赛里，韦德场均 21.5 分，是这支球队毫无疑问的领袖。韦德是自 1954/1955 赛季 NBA 引入 24 秒进攻计时以来，第四位在季后赛中成为队内得分王和助攻王的新秀，之前是乔丹、马布里和比利雷·巴特斯。韦德的表现已经征服了当时热火的所有队友，奥多姆在常规赛期间就表示自己是韦德的球迷。热火中锋布莱恩·格兰特也被韦德不可思议的表现征服：“他的心态，他在训练和比赛中的付出，这些都是我们所需要的，而韦德是我们今天站在这里最主要的原因之一。”热火主帅认为韦德的字典里压根儿没有害怕和紧张两个词，因为韦德无所畏惧！

步行者主帅卡莱尔对莱利的眼光非常钦佩，因为他选中了韦德。他说，“当初选秀的时候，没有太多人有这样的眼光，他拥有伟大的天赋，他已经是全明星级别。”当时安东尼已经首轮出局，而詹姆斯没有进入季后赛。

2004 年 5 月 19 日，第六场，步行者赛前明确表态要阻止韦德进入内线。但那场比赛，他们的防守对韦德而言形同虚设。因为他整场比赛都在得分，利用节奏或者爆发性的第一步频频突入禁区，抛投，上篮，扣篮，造犯规。韦德 16 投 10 中，全场拿下 24 分。步行者没能如预期般限制住韦德，但却成功地击败了热火。韦德差点在第四节靠一己之力完成逆转，即便他几乎投进了每一个必须要投进的球。这场比赛阿尔斯通 6 投皆失，包括 4 个三分球。热火最后一次球权，阿尔斯通在三分线外投了一个匪夷所思的空气球。热火以 3 分惜败，韦德的菜鸟赛季止步季后赛第二轮。

迈阿密将印第安纳逼入第六局，但小奥尼尔对热火来说非同小可，无法阻挡。这次系列赛，韦德在得分（场均 21 分）、助攻（场均 5.7 次）和中投命中率（48.9%）上都是全队第一，场均上场超过 40 分钟。此时，他已然像马布里、乔丹和比利雷巴蒂斯那样，成为唯一的几个在 NBA 季后赛上在得分和助攻方面领先全队的新秀。

无论如何，“闪电侠”的名号第一年就在联盟中打响了，人们终于在科比之后，看到了一位如此具有观赏性的得分后卫。

03

大鲨鱼东游

DWYANE WADE

菜鸟赛季，韦德星光闪耀的季后赛表现让莱利和其他管理层确信，热火可能只需要另外一位有冲击性的球员就能竞争总冠军。当然，交换这个球员——“大鲨鱼”奥尼尔可真是一笔大交易。但是因为科比在洛杉矶不是很高兴，菲尔·杰克逊又从湖人队的主教练位置上退下来，沙克需要找一个新家。迈阿密以奥多姆、格兰特和一个首轮顺位做交换，但洛杉矶想要韦德。迈阿密拒绝了，但是又加上了巴特勒，最终把这个超级中锋引进来。

2004/2005 赛季开赛前最大的新闻莫过于“湖人王朝”的解体，传奇中锋沙奎尔·奥尼尔加盟迈阿密热火。韦德也因此在生涯第二年马上遇到了一名强大的队友。奥尼尔说会全力协助韦德成为 NBA 最出色的球员。

同时，韦德加入了美国国家队，得以在奥运会上一展身手。他从主教练那里得到很多的赞扬，包括底特律主教练拉里·布朗，他的队友则对他在练习和比赛中的职业技能大加赞赏。但韦德无力斩获“梦之队”的金牌。在令人搔头地输给波多黎各的比赛后，美国队仅获得铜牌。在胜出立陶宛争取第三名的比赛中，他得了 9 分和全场最高的 6 次助攻。

回国后，韦德和沙克彼此成了忠实的朋友。这个大家伙很喜欢他的新队友“甘居人后”的态度，只要有机会，他对媒体都会提到韦德。沙克给他取了昵称“闪电侠”，更多地为了惹一下科比，他宣布韦德才是更出色、更全面的球员。

韦德和沙克的二重奏迅速使迈阿密成为东部最好的球队。两个琼斯，达蒙和埃迪，提供了中距离的得分，而哈斯勒姆则是低位的一个很出色的补充元素。有人会奇怪是否沙克的出现会阻碍韦德的发展，但他们对彼此有对等的影响。因为这是为两个人共同赢取的胜利，每一个人都不会担心去违逆另一位手热的队友。

在 2004/2005 赛季开始后，更常见的是，手热的是韦德。在季前赛中，他看起来是要让他的队友们更多地参与。但很快就证明了，当韦德担起更多的得分重任时，热火才更具威胁。由于他那爆发性的第一步，联盟很少有防守者能阻挡他杀入篮下，其结果不是一次上篮就是会走上罚球线。尽管其他的迈阿密队员们都准备好了，一旦出现无人防

MIAMI
32

守他们的情况，他们要准备接好传球。

新赛季的第二场比赛，面对状元詹姆斯。第三节还剩 4 分 59 秒，骑士把比分追到 61 比 60，之后韦德率领球队打出了一波 12 比 6 的小高潮，三节结束后领先 7 分。全场比赛韦德砍下 28 分 6 个篮板 5 次助攻 3 次抢断 3 个盖帽，典型的韦德式数据。

奥尼尔当时对着所有媒体表示，韦德是他见过最牛的二年级球员。2004 年 11 月 7 日，奥尼尔陷入犯规麻烦，只得到 13 分，韦德站出来接管比赛，全场砍下 37 分 8 个篮板 12 次助攻带领热火击败奇才。11 月 20 日，美航球馆，对阵爵士，韦德得到 39 分 4 个篮板 8 次助攻 3 次抢断 2 个盖帽，再次送出了个人最好的表现，他在第四节和加时一共砍下 23 分。

那场比赛中韦德的急停把防守者晃出底线，把球队带入加时，并在加时完成绝杀。爵士教练斯隆显得很是无奈：“我以为我们要赢了，我们已经准备收尾了，但是 3 号接管了比赛，并投中了一些伟大的进球，这就是伟大的球员应该做的。”那场比赛防守韦德的是防守专家拉加贝尔。

11 月 25 日，菲利普斯球馆，热火对战老鹰，韦德轰下 31 分 8 个篮板 11 次助攻。在第四节还有 8 分多钟的时候，老鹰 2.08 米的中锋单手扣篮，被韦德硬生生地给盖了回去。奥尼尔对韦德已经说过太多赞美的话，他喜欢这个无私、谦逊的年轻人，当时的韦德在球场上已经隐隐成为一方豪强，他的稳定性和对篮筐不可阻挡的攻击能力令人称奇，最重要的是韦德的球风，不仅保证了自己的状态，同时还能带动队友。老鹰前锋安东尼·沃克在这一战后俯首称臣：“很明显，韦德是伟大的球员，防守他太痛苦，他对篮筐的冲击力太匪夷所思。”

12 月 16 日，韦德的 29 分 9 次助攻送给奇才二连败。奇才教练却松了一口气，因为这是他们那个赛季的最后一次对抗，他说：“我很高兴季后赛之前再也见不到他们了。”韦德那场比赛第四节得到 14 分。12 月 22 日一大早，奥尼尔告诉韦德自己将要缺席那天的比赛，韦德没有说话只是点点头，然后交出了 33 分 4 个篮板 11 次助攻 4 次抢断 2 个盖帽的数据，热火以 108 比 100 战胜凯尔特人，热火九连胜。凯尔特人控卫加里·佩顿此战后被顺利招揽：“韦德主宰了我们的生死，他为所欲为，一个人打败了我们所有。”

在全明星周末间歇期里，韦德被认为是联盟最有天分的十名球员之一。他对热火的影响是显而易见的，因为他和沙克把这支球队带到东部最好的 59 胜 23 负。且韦德在各个方面都显著提高了他的个人数据，包括得分（24.1 分）、传球（6.8 次助攻）和命中率（48%

的中投命中率和 76% 的罚球命中率）。他在防守端也是令人担忧的，均场 1 次抢断和 1 次封盖。韦德曾打出过 14 次两双，在 12 月后半段客场战胜底特律时打出三双的成绩——31 分 10 个篮板 10 次助攻。

2004 年 12 月 30 日，迈阿密热火对阵底特律活塞，韦德包揽 31 分 10 个篮板 10 次助攻，职业生涯第一次三双，击败东区老对手活塞这个拥有联盟顶级防守的球队。

2005 年 1 月末，面对“姚麦”率领的火箭，奥尼尔陷入犯规麻烦只打了 27 分钟。韦德交出 30 分 8 个篮板 6 次助攻的数据保住了主场，第四节砍下 12 分。2 月 10 日，麦迪逊广场花园，韦德在加时阶段得到 10 分，全场“30+6+6”击败了马布里率领的尼克斯。2 月 27 日对阵魔术，奥尼尔缺阵，尽管韦德只得到了 25 分，尽管半场低迷，但是他再次接管了第四节，单节 14 分，其中 8 分是在最后的 1 分半时间所得，最后 10 秒他扇飞了弗朗西斯的上篮奠定胜局。弗朗西斯赛后仍然不能从最后一球的阴影中走出来：“我现在还在惊讶，韦德怎么能冒掉那个投篮。” 3 月 16 日，麦迪逊花园广场，韦德面对马布里，他以一连串眼花缭乱的运球后撤步晃飞对手，压哨绝杀。

2005 年 3 月 20 日，热火迎战尼克斯，韦德和奥尼尔合砍 60+。当时“鲨鱼”和“闪电侠”已经是联盟最具威胁的组合之一，因为韦德非常适合传统中锋，阵地战突破几乎不需要太多的空间。此外，大师级的挡拆战术执行力，无私的球风更是让对手摸不准。对于热火，这是自 1995 年以来第一次有两名球员至少得到 30 分。3 月 26 日，史蒂夫·纳什和斯塔德迈尔组合造访美航球馆，那可是当时全联盟最炙手可热的进攻组合，韦德狂砍 35 分 7 个篮板 9 次助攻 2 次抢断 1 个盖帽。在第三节末对斯塔德迈尔一次干净利落的盖帽后，完成跨越半场的压哨远投，这一经典画面在整个赛季都被反复播放。

4 月 3 日对阵黄蜂，韦德和奥尼尔两人再次合砍 67 分。黄蜂主帅拜伦·斯科特称自己的队员已经被那两个家伙打怕了。4 月 6 日面对九连胜的公牛，“鲨鱼”缺阵，韦德砍下 39 分 7 次助攻，热火主场 18 连胜。4 月 16 日，富国中心银行球馆，热火加时惜败费城 76 人，那场比赛韦德砍下 48 分 10 个篮板 6 次助攻，刷新个人得分赛季新高。

那个赛季韦德整季交出场均 24.1 分 5.1 个篮板 6.8 次助攻 1.5 次抢断的全能成绩，入选 NBA 年度防守第二队及 NBA 年度第二队，也首度以首发球员之姿入选 NBA 全明星赛。而该季球队在韦奥两人及埃迪·琼斯的共同努力下，交出东部联盟第一 59 胜 23 负的成绩。那个赛季韦德还被 ESPY（年度卓越体育表现奖）评为进步最快的运动员。

04

更上一层楼

DWYANE WADE

2005 年季后赛开始，热火连续第二年进入季后赛。尽管是东部的一号种子，迈阿密在季后赛开打时周围也是一堆疑问。最显著的是奥尼尔的健康问题，他深受伤病困扰。实际上，一些媒体预测他们在第一轮中会被网队淘汰。看来他们错得一塌糊涂，沙克在第一场比赛中对此做出了回应，他看起来不错，得了 17 分和 11 个篮板。韦德和达蒙·琼斯也同时全面开火，两人合力攻下 62 分，迈阿密轻松胜出。

第一轮第一场韦德就为本轮系列赛定下了基调，“鲨鱼”有伤在身，韦德砍下 32 分 5 个篮板 8 次助攻。面对韦德电光石火般的第一步，理查德·杰弗森的横移速度看起来就是慢动作。本轮系列赛，韦德场均 26.3 分 6.3 个篮板 8 次助攻 1.8 次抢断 1 个盖帽，命中率 50%。在这之前，只有罗伯特森、鲍勃·库西、张伯伦、“大鸟”伯德、“魔术师”约翰逊和乔丹打出过这样的系列赛数据。奥尼尔认为韦德在上一个赛季就已经是巨星，只是人们到现在才认识到这点。此后，热火一骑绝尘，将网队横扫出局。来到美航中心体育馆后，新泽西篮网曾紧紧逼迫过他们，但迈阿密热火用四场胜利结束了战斗。

第二轮热火对阵奇才，在第二场比赛中，韦德砍下 31 分 7 个篮板 15 次助攻 3 次抢断 2 个盖帽，全面地统治了比赛。前三节热火的 29 次进球，其中有 22 次和韦德有关。韦德的破坏力，被奇才主帅艾迪·乔丹形容为“龙卷风”。那场比赛让韦德成为 NBA 历史上继“魔术师”、杰里·韦斯特、沃尔特·弗雷泽和奥斯卡·罗伯特森后第五位在季后赛至少得到 30 分、5 个篮板、15 次助攻的球员。第四场比赛，韦德砍下个人季后赛新高的 42 分，并在第三节 7 投 7 中，罚球 8 中 8，单节砍下 22 分。第二轮系列赛的后三场比赛，韦德场均得到 34.6 分 7.6 个篮板 8.3 次助攻 1.6 次抢断 1.6 个盖帽——球队季后赛历史单节和单场得分纪录。奇才教练艾迪·乔丹再次力挺韦德：“这是‘一个明星的诞生’翻拍版，你可以拿这两轮系列赛作为题材拍一部电影，毫无疑问他是联盟真正的巨星。”ESPN 周刊作家克里斯·布罗萨德把韦德和奥尼尔的组合形容为年轻的“魔术师”和暮年的贾巴尔。

从出道开始，韦德似乎总是那个在常规赛不声不响，季后赛一鸣惊人的家伙，他在季后赛的表现再次征服了所有的媒体和聚光灯。如果球场是拳击场，韦德就是温吉·莱特。他进入球场的心态，就像对待战场一样。在过去两场比赛中，他把整个球队扛在了肩膀上，这不是常规赛，而是东区半决赛，他的对手是东部最好的球队之一。

2004 年的季后赛，韦德就是以“震惊世界”的方式引起了所有人的注意。但新的赛季，当奥尼尔来的时候，人们则把这一切归为奥尼尔的功劳，韦德不过是佐料。当你看了这些季后赛的比赛后，你应该清楚地认识到，韦德才是主菜，甚至是整个餐厅。

篮球名宿格雷格·安东尼说：“当我看到韦德的时候，他给我的第一印象是安静、自信。这在年轻球员中非常少见。他知道球队需要什么，他有这方面的先天性能力。他有强大的控球能力和爆发力，很难被限制。他让我想起了乔丹，我希望人们能认识到他的特殊。”

PER（NBA 球员效率值）之父霍林格写道：“也许我们不应该对韦德的表现惊讶，这赛季‘鲨鱼’缺阵的比赛韦德往往会打出另一个级别的比赛。”那个赛季“鲨鱼”缺阵的 10 场比赛里，这位二年级球员场均得到 27.1 分和 52.5% 的命中率。这些都要高于去年“鲨鱼”没来时的 24.1 分和 47.8% 的命中率。如果去掉最后一周对山猫那场无意义的比赛，韦德在“鲨鱼”缺阵时的数据是 28.6 分和 53% 的命中率。但大多媒体都认为是“鲨鱼”的到来让韦德更好，显然韦德的数据并不支持这个观点。

2005 年东部决赛第一场，韦德 25 投 7 中，输得一点都不意外。赛后韦德用“可怕”来形容自己的表现。回去后韦德看了那场比赛的录像。当时韦德那两年关键时刻的表现，已经让队友对他产生了疯狂的信任。队友杜林和埃迪·琼斯都在赛后明确表态韦德下一场会打出现象级表现。在第一场比赛结束后，韦德的高中教练、大学教练、NBA 教练都给韦德打电话鼓励，而奥尼尔比较特别，他的电话出现在凌晨 3 点，韦德认为奥尼尔疯了，奥尼尔说自己睡不着，所以韦德也不能睡。

2005 年 5 月 26 日，韦德以他最凶猛的方式爆发了，他再次接管了第四节，单节 20 分，全场 40 分，当时的韦德 23 岁。球队第四节前 16 分，韦德一个人得到了 14 分，并在之后封盖了比卢普斯的关键三分球奠定胜局。这已经是韦德那个季后赛的第 6 场 30+，其中两次是 40+。

热火在第四节开始落后 1 分，韦德的爆发从一个擦板投篮开始，之后突破扣篮。奥尼尔完成一次勾手后，韦德补篮，中距离，突破，空接，连得 10 分，热火以 78 比 76 建立了两分的优势，但比分仍然僵持中。活塞在其后再次扳平比分，但奥尼尔打三分成功，

HUSTLE STATS
HUMANA
3
22

莫宁帽掉了“大本”，韦德快攻上篮，热火领先 5 分，最终战胜对手。活塞对突破手的防守不可谓不严密，当韦德持球的时候，活塞必然有一个人紧跟着韦德，另外四个人注意力全都在韦德身上。在韦德分别得到 40 分和 36 分后，韦德再次得到 28 分。普林斯防守了韦德三场比赛后，汉密尔顿开始作为防守韦德的先锋。当韦德不持球的时候，汉密尔顿只有一件事情，就是脸贴脸地盯着韦德。当韦德持球的时候，则给韦德施加几乎整个球队的压力。普林斯和比卢普斯同样要轮流“照顾”韦德。有时候活塞甚至为了减少韦德的一点体力，在离后场 24.3 米的地方就开始“关照”韦德。

韦德在东部决赛第五场受伤，缺席了第六场，在接下来的大多时间里，他都在处理伤病，并在胸口注射止痛剂。后面的事情，大家都知道：受伤，被活塞屠杀，G7 带伤出战。在 G7 中，我们看到韦德时常捏着右侧肋处，表情痛苦。活塞主帅拉里·布朗认为，这已经不是正常的韦德，他应得到所有人的尊重。由于韦德在东部决赛中关键的第五战受伤，以致球队在七场决战后败给底特律活塞。

在东部决赛中，活塞队将热火逼入第七局。输掉抢七对迈阿密来说尤为痛苦。韦德在系列赛的早些时候给活塞制造了一些麻烦，强势杀入篮下，自如地打快攻，投中一个又一个关键球。但当活塞重新回归到他们以防守为主的比赛策略中，韦德发现他通往篮下的路关闭了，他的跳投也不能持续命中。迈阿密的其他进攻选择也因而停滞，球队根本没有什么机会。

热火没有浪费时间重建。莱利仍在幕后工作着，他们又创下了 NBA 历史上最大的一笔交易，以让安东尼·沃克和贾森·威廉姆斯来到球队。有些人已经开始批评这支球队，说迈阿密只需调整，不需重建。这些先发球员要组合起来，很大程度上与韦德有关。也不必吃惊看到沙克将更多的领导责任交给这个队友和朋友，这个大家伙知道“闪电侠”掌握着不可捉摸的力量，可以让所有人团结在一起。

韦德第一年带队进入第二轮，第二年带队杀入东部决赛，这还不够传奇吗？

3

第五章

独步巅峰

01

矮了五厘米的乔丹

DWYANE WADE

2005年休赛期的时候，NBA名宿格兰特·希尔就认为，韦德将在新赛季成为联盟最好的球员。热火放弃了达蒙·琼斯等一干三分手，引进“白巧克力”贾森·威廉姆斯、詹姆斯·波西，安东尼·沃克、加里·佩顿等老将辅助韦德。

在经历了上赛季冲冠失败后，2005/2006赛季的热火在佩顿、沃克、威廉姆斯、波西亦慕总冠军之名而来时变得更加成熟了。但是隐忧也随之到来，老中新三代球星齐集的热火让人想起了2年前老将球星堆砌而成的湖人。这个忧患明显多余了，因为迈阿密没有湖人的那个8号，他们只有属于自己的3号，这个3号已经远离全明星新秀赛，他正式成为这支球队的领袖之一。

2005/2006赛季，放眼热火的强大阵容，5名球员加起来拥有34次全明星经历，热火看上去已经摆脱了上赛季的低迷，剑指球队历史上第一座总冠军了。然而，这条路注定不是那么平坦。

在孟菲斯的惊艳首战过后，热火在第二场比赛中就遭到了致命的打击，球队内线核心沙奎尔·奥尼尔在比赛中与对方球员罗恩·阿泰斯特相撞，右踝扭伤，之后因此缺席了18场比赛。在这期间，热火取得了9胜9负的一般战绩。

2005年11月8日热火对阵篮网，在最后5.2秒左右韦德2罚1中，热火领先1分，最后是篮网球权，卡特持球左路突破上篮，但被韦德的封盖断了生路。韦德已经多次依靠个人的防守在关键时刻锁定胜局了。

11月16日对阵黄蜂，第四节还剩下1分59秒，热火落后7分，韦德得到了最后的7分，帮助球队进入加时，并赢得比赛。11月19日，对阵11连胜的艾弗森，韦德砍下“32+9+10”。莫宁说韦德的突破让他想起了乔丹：“我在他的身上看到了乔丹的影子，和他一起比赛很有趣，我有全场最好的VIP位置来欣赏他的比赛。”

12月12日，热火又失去了团队中的重要一员，主教练斯坦·范甘迪因为私人和家庭方面的原因选择了离开，莱利决定亲自执起球队教鞭。同日对阵奇才，韦德砍下41分10个篮板8次助攻4次抢断。奇才主帅艾迪·乔丹这样说：“你差不多要用三名球员才

能防住他。”这个时候，媒体的评价已经跟不上韦德的影响力，2005 年年底，韦德的球衣销量已经排名第一，这是球员影响力最直接的体现，排在其后的是艾弗森、詹姆斯、马布里、科比。韦德的匡威签名鞋销量排在第五。

尽管在进入全明星假期的时候，热火拥有了 2 名全明星，沙奎尔·奥尼尔和德怀恩·韦德，以及东部第二的好战绩，这支一下拥有了 8 名新球员和一个新教练的球队，依然要寻找他们期待已久的稳定。他们的不稳定在达拉斯被彻底暴露了，小牛酣畅淋漓地取得了一场 112 比 76 的大胜。不过热火以此为转折点，打出一波十连胜，并且在达拉斯之后的 16 场球中获得了 15 场胜利。在那波胜利热潮中，阿伦佐 · 莫宁完成了代表热火的第 487 次出场，创造了热火队史的出场新纪录，同时也帮助球队在助理教练基斯 · 阿斯金斯的率领下主场击败凯尔特人队。

2005 年 12 月 28 日，面对雄鹿，韦德第一节 5 次助攻，之后切入得分模式，第四节砍下 14 分，全场得到 35 分。在第四节还有 9 分多钟时，热火领先 4 分，随后韦德发动了一波 13 比 3 的攻击波，使得雄鹿再无回天之力。雄鹿主帅特里斯托斯把韦德归类为天才球员。2006 年 1 月 14 日对阵超音速，韦德全场 14 投 4 中，但他之后再没有无谓的出手，而是摘下了 10 个篮板，送出 14 次助攻外带 2 次抢断和 2 个盖帽。这就是当时的韦德，从各个方面统治比赛，而不仅仅是得分。他依靠这样的方式把球队凝聚成了一个整体，用实际行动让这些传奇老将信服。在这次三双后，韦德马不停蹄地砍下 30+。

2006 年 1 月 25 日，遇到了老队友埃迪·琼斯，韦德第三节得到 13 分。曾经的队友，埃迪·琼斯在第三节大多时间都在板凳上看着这一切，他想和韦德在场上一决高下，因为遇到伟大的对手，你总是想以此证明自己。

2 月的 10 场比赛，韦德有 6 场至少得到 30 分，球队该月的战绩为 8 胜 2 负。其中最经典也是对球队最有意义的一场比赛发生在 2 月 13 日对阵活塞，热火那个赛季面对联盟四强的球队，战绩 0 胜 6 负，实际上那年热火的整体实力并没有那么强，很少有人认为热火能夺冠。

那场比赛韦德全场砍下 37 分，包办了球队最后的 17 分，还包括最后 16 英尺（约 4.9 米）的一记绝杀赢得那场比赛，热火面对联盟顶级球队的战绩提升为 1 胜 7 负。第四节还剩下 4 分半时间，热火 83 比 90 落后，随后韦德一个人接管了之后的比赛，这是属于韦德的时刻。活塞教练桑德斯认为："韦德统治了比赛，我们对此无能为力。"最后 25 秒，所有人散开，韦德高位运球，老对手普林斯防守，这是一次经典的对位，韦德运球到左路，急停，手起刀落终结了比赛。

2 月 16 日背靠背对阵魔术，第一场砍下 38 分，第二场砍下 36 分 10 个篮板 9 次助攻，双杀魔术。2 月 28 日对阵猛龙，他拿下 32 分 5 个篮板 6 次助攻 2 次抢断，开始的 9 次出手命中了 8 球，猛龙中锋玛特·班纳形容韦德的突破就像逛公园一样简单。面对奇才、爵士、魔术、尼克斯等几支球队，韦德总会做一些特别的事情。

韦德之前扭伤手腕缺阵，在 3 月 9 日对阵奇才的比赛中复出砍下 40 分。最后 35 秒，112 平，这是莱利第一次面对"2-3"联防的时候采用球员单打战术来解决比赛。队友拉开，在全场的起立助威声中，韦德持球，突入禁区，抛投，入网。

巴特勒说："韦德是联盟最好的球员之一，他才 24 岁。这太疯狂，他突入禁区，面对各种防守，总是能以难以置信的方法把球扔进篮筐。"对手贾米森这样评价："他总是能打出 A 级比赛，他每晚都这样，但他面对奇才的时候尤其特别。"也许是因为阿里纳斯在 2004 年说韦德不足以带领球队，因为他投篮不行这样的话，导致韦德对奇才总有些特殊照顾。

在观看了韦德两个半赛季的 NBA 表现后，莱利说在他执教过的球员中，韦德是最全面的球员。3 月 17 日，约翰·霍林格从各方面的数据分析，认为韦德是 MVP 的最佳候选人，没有之一。

2005/2006 赛季，韦德的命中率高达 50.2%，是得分榜前十的球员中唯一命中率过半的球员。其次，他场均 11.1 次罚球（只有詹姆斯比他高），命中率 77.8%。所以他的真实命中率达到了 58.3%，轻松地超过詹姆斯、艾弗森和科比。在为队友创造机会方面，韦德也要好得多。整整 20% 的球权以助攻结束，差不多是科比（11.9）、诺维斯基（10.4）的一倍，并远远领先与艾弗森和詹姆斯。另一个加分的选项是，韦德的进攻篮板也是四人中最好的，这能帮助球队控制二次球权。

没有任何的热火球员，包括“鲨鱼”能在这方面接近韦德。即使奥尼尔不在场上，热火仍然能领先对手 2.9 分。但是没有韦德，热火就瞬间变成 2004/2005 赛季的山猫。人们对于奥尼尔的认知，正在抹杀那个赛季韦德的伟大。这样的观念从上个赛季就已经开始，在 2004/2005 赛季，韦德是球队场均得分、上场时间、罚球次数、助攻次数、抢断次数最高的球员，在奥尼尔不在的时候，韦德反而打出了更好的数据，但最终的 MVP 投票中，韦德 0 票，奥尼尔 58 票。

这样的观念还延续到今日是非常荒谬的。不幸的是，媒体并没有帮助韦德。因为奥尼尔是出名的“大嘴先生”，他也是我们生活中的“关键先生”，他总是那个站在麦克风前的人，这些都让我们觉得，热火是“他的球队”。2006 年 3 月 17 日，热火在韦德下半场的反击下，完成了 25 分的大逆转，全场高喊 MVP。莱利在这时候提出韦德除了身高，其他方面看上去就是乔丹。

在 3 月 19 日，客场击败尼克斯使得热火第 11 次杀入季后赛，这时，热火的赛季才刚刚打了 66 场比赛，这是球队历史上确保季后赛名额所需的最少比赛的新纪录。不过，到最后，虽然热火以东部第二杀入季后赛，但他们的最后三场比赛输了两场。

3 月 30 日对阵猛龙，奥尼尔缺阵，热火完成了 16 分的逆转，韦德第四节砍下 16 分，全场 37 分。韦德时常在第四节决定比赛，并且愿意承担这种责任的态度让莱利觉得不可思议。第四节还剩下 10 分多钟，热火落后 13 分，韦德随后连得 10 分，热火打出了一波 16 比 4 的高潮完成逆转。最后韦德晃飞了迈克·詹姆斯，完成“2+1”上篮。猛龙主帅萨姆·米歇尔赛后抱怨自己的球员：“我想我们的球员需要先了解清楚韦德是谁，需要了解清楚韦德的能力。”

02 坎坷登顶路

DWYANE WADE

2006 年季后赛对于热火来说是个崭新的开始，在第一轮他们以 4 比 2 击败了芝加哥公牛。公牛是个状态正佳的强大对手，最后 14 场比赛，12 胜 2 负，限制命中率连续两年排在联盟第一。除此之外，他们有着恐怖的外线命中率，这也是热火在那个赛季防守端最欠缺的。常规赛对阵公牛的三场比赛，韦德场均只能得到 12.3 分和 24.3% 的命中率。

季后赛第一场比赛，赛前莱利被问及韦德常规赛对公牛的表现时，莱利不以为然，并对自己的超级后卫充满了信心："伟大的球员面对任何防守都能找到方法，而韦德就是这样的球员。"事实证明莱利是对的，而韦德就是这样的大场面球员。韦德第四节得到了关键的 14 分，全场砍下 30 分，11 次助攻。比赛最后韦德为热火奠定胜局，之后小腿抽筋离场。奥尼尔说："这就是韦德，第四节是属于他的。"

季后赛第一轮第二场比赛，韦德拖着受伤的小腿上场。交出 21 分 5 个篮板 7 次助攻 4 次抢断 2 个盖帽的数据。热火在三节结束领先 19 分，第四节还剩下 1 分多钟，公牛追到了只相差 4 分，随后韦德在 1 分 4 秒的时候一个转身抛投止住了公牛的反扑。

当第一轮季后赛打到第五场的时候，热火和公牛 2 比 2 平，所以这是一场不能输的比赛。上半场的一次上篮中，韦德重重地摔在地板上，髋关节受伤，被人搀扶回更衣室。韦德在的时候热火领先 5 分，回来的时候热火已经落后 5 分，但韦德再次上演了王者归来，拯救了热火，也许也拯救了本轮系列赛。

奥尼尔在这期间给更衣室里的韦德传话："我们需要你！"韦德在更衣室里打了一针止痛剂。尽管韦德摔在地板上的时候，包括莱利在内的所有人都变得目瞪口呆，但在韦德回更衣室后，所有人都不担心这点，因为大家都知道韦德会回来拯救球队，因为他们了解韦德，韦德知道这场比赛对球队有多重要。

公牛在下半场打了一波 17 比 10 的攻击波，这时候韦德仍然在更衣室里接受治疗，奥尼尔 4 犯。当韦德回来的时候，球队连得 7 分，公牛在 4 分多的时间里 1 分未得，热火淘汰对手。

第二轮对阵篮网，面对基德、卡特和杰弗森的"篮网三叉戟"，热火的外围防守面

临更大的考验。热火第一场在主场窝囊地以 88 比 100 告负，在第一场里热火并没有限制好篮网的突破，所以篮网制造了很多空位的机会。在对抗“鲨鱼”的时候，他们频繁利用基德和卡特的中路挡拆把“鲨鱼”拉出禁区。热火在输了第一场后，韦德和“鲨鱼”在凌晨进行了加练。在这场难堪的失利后，帕特·莱利把那著名的“15 Strong Ring of Faith（追求冠军的坚定信念）”的标语贴在了更衣室里。

第二轮第二场，热火第一节以 41 比 19 领先，创建了 22 分的领先优势，韦德第一节就火力全开砍下 17 分。第一场的失利让韦德少见地发火，莱利看到了不一样的韦德。

第三场因为一次意外肘击，韦德进了更衣室，但他再次诠释了王者归来。那场比赛，在最后 5 分钟前一直处于焦灼状态，但是这种时候总是需要有一个人站出来决定比赛，韦德往往就是这个人。韦德在最后 4 分多钟砍下 15 分，带领热火赢得比赛。韦德全场砍下 30 分 7 个篮板 10 次助攻。最后 4 分半的时间，篮网以 81 比 80 全场最后一次领先，随后韦德完成了打三分的超强回应球。

第四场韦德再砍 30+，那轮系列赛到那时为止，篮网的防守对韦德没有任何效果。韦德在篮网的防线里自由出入，并能送出任何的空位助攻。莱利在第四节的战术似乎很简单，永远把球交给韦德。热火也连胜四场将新泽西人送回了家。

莱利说过："韦德是独一无二的。他让比赛变得简单，我了解这有多难。我们拥有他，是上帝的恩赐。"在东部决赛中，他们的对手是上一年决赛的老冤家底特律活塞。在本轮系列赛之前，韦德和乔丹有过交谈。

这是人们真正期待的对抗，但热火只有韦德和"鲨鱼"有对位优势。在1号位，威廉姆斯没办法阻止比卢普斯。常规赛双方交战的四场比赛，他能场均轰下24.2分。毫无疑问比卢普斯将和"大本"利用挡拆战术来对抗奥尼尔，然后用队友击败热火。尽管韦德在前两轮比赛中，没有被篮网和公牛限制，但活塞有着更强大的防守体系。

第四节开始12分的领先优势，在4分多的时间内被活塞追到只差1分，这时候活塞的气势已经起来，麦克戴斯更是飞起准备强力灌篮把球队的气势带到极致。这时候有人冲韦德喊："你的时间到了！"然后韦德正面封盖了麦克戴斯的关键灌篮，并带球推进打了一次"2+1"，活塞这一波反击被韦德在攻防两端生生闷杀。

活塞主帅桑德斯亦被征服，称那个盖帽是全场最佳时刻，一个球员可以改变一场比赛，而一场比赛可以决定一个系列赛。韦德全场拿下了35分8个篮板4次助攻2次抢断。

东部决赛第四场是典型的韦德式比赛，他在第四节砍下12分，全场拿下31分6个篮板5次助攻2次抢断2个盖帽。上一年，热火3比2领先，有两次击败活塞的机会，但是因为伤病没能把握住，但是这一年，热火已经3比1领先，并且还有健康的韦德和"鲨鱼"。

本轮系列赛，活塞对韦德的突破似乎没有丝毫的办法，他们用汉密尔顿、比卢普斯、林赛·亨特、莫里斯·埃文斯轮流对抗韦德，但是没有任何效果，这是活塞本轮系列赛最不匹配的一个对位点。

系列赛前四场，他们让韦德场均得到30分，命中率高达71%。吉姆·奥布莱恩说："相比于韦德那个神奇的失去平衡的上篮'2+1'，我更关注韦德的领导力。"奥尼尔在这方面起了很大的作用，帮助年轻的韦德成为球队领袖。

第六场比赛，韦德患上了流感，身体脱水，比赛当天还去了医院挂点滴，并且在中场休息的时候回更衣室接受过短暂的治疗。下半场韦德并没有先发出场，这是韦德本轮系列赛唯一一场命中率低于55%的比赛。最后的结果让人愉悦不已，热火以4比2淘汰了上届东部冠军活塞队。这样，他们第一次踏上了总决赛的舞台，对手是大热门达拉斯小牛。

HEAT
3
SPALDING
HOLSON HOM
tion Built on Quality ar
w.nicholsonhomes.com
M·580 WD

03

屠牛屹巅峰

DWYANE WADE

2006 年季后赛前三轮，韦德的对手——活塞的防守排在联盟第三，后场防守排名第二。公牛当时也是联盟最好的防守球队之一，他们还拥有韦德杀手——辛里奇。2006 年总决赛，小牛的防守策略是包夹韦德，并迫使韦德把球传出去。所以小牛的任务很明确，迫使韦德成为传球手，而不是得分手。有一些球员能在比赛早期得分，但到了关键时刻就不行了，韦德不属于这个范畴。在过去三个系列赛，甚至过去两年的季后赛，他已经证明了这点。所以到了关键时刻，小牛必须找到解决韦德的办法，因为到那个时候，莱利会让球一直在韦德的手上。

总决赛第一场，除了韦德的鼻窦炎发作，霍华德对韦德的防守也起了很好的作用，而小牛的多套组合阵容让热火如入泥淖。约翰逊对韦德的策略就是先用有经验的格里芬对付韦德，然后再用防守悍将霍华德，中间穿插速度更快的哈里斯跟防骚扰。

第一场和第二场后，出现了很多质疑韦德的声音。因为人们对于一个原本就被低估的球员，总是容易善变的。他们不再相信韦德，所以韦德过去两年季后赛的成绩，以及这赛季前三轮的表现，在他们眼里都不过是昙花一现，即便他在这三年，实际表现要好于同届的詹姆斯和安东尼，但是很多人并没有给韦德足够的耐心。韦德的回答是：“下一场，我会打出自己生涯最好的比赛。”

前两战，达拉斯人成功地守住了主场，90 比 80 和 99 比 85，小牛以两场胜利在总比分上 2 比 0 领先热火。第一场热火输了 10 分，第二场热火输了 14 分。帕特 · 莱利已经在为失败遣词造句了——热火在第三战最后 6 分钟还落后 12 分则似乎验证了莱利的先见之明。然后韦德发出怒吼：“我还没准备好回家呢！”就此开始自己的冲锋和射击。战神出世，横扫六合，席卷八荒。

生死攸关的第三战，韦德砍下 42 分 13 个篮板，第四节他身背 5 次犯规砍下 15 分，在热火濒临死亡的最后 6 分钟，韦德从各个角度突击，急停跳投，弹无虚发，如闪电般粉碎小牛的防线。最终佩顿射中生死中投，诺维茨基罚球打铁，韦德抢下篮板，再中一记罚球，随后抢断诺维茨基，热火绝地逢生。

在第三场，达拉斯人也一路领先，一直到第四节，热火在最后 6 分 34 秒填平了一个 13 分的大坑，以 98 比 96 险胜小牛，这是最关键的一战。佩顿在比赛还剩下 9.3 秒投进了个人全场唯一的进球，帮助球队领先 2 分，这也是他本场比赛唯一的出手。诺维斯基在比赛还剩下 6 秒的时候，罚丢了可以扳平比分的罚球。

值得一提的是，第四节还剩下 6 分多的时候韦德上场，当时小牛以 87 比 76 领先 11 分，随后韦德再次上演第四节接管比赛的好戏。韦德在第四节砍下 15 分，全场得到 42 分 13 个篮板 2 次抢断 2 次助攻，是 NBA 总决赛历史第四位至少得到 40 分 10 个篮板的后卫。小牛没人能限制韦德，韦德在关键时刻的杀伤力让霍华德看起来像高中生。

然后一些人开始意识到，韦德的表现将决定总决赛的平衡。莱利说道：“我已经见过韦德这样的表现，今年的很多比赛，我们落后两位数进入第四节，然后韦德站出来决定了比赛，他的内心强大得让人可怕。”这场比赛，韦德只有 2 次助攻，这是莱利的态度，他需要韦德全身心地进入得分状态。

传说开始了，小牛无法阻止韦德的行动和屠杀。即使告诉他们韦德“向右是突破，向左是跳投”。韦德在全场范围里一刻不停地移动，切入，为篮球精确地找到擦板点，闪电掠影，血溅全场。

随后的第四场，韦德上半场就砍下 24 分，帮助球队建立 10 分的领先优势，全场砍下 36 分。他用爆炸力的步伐一次又一次地过掉任意对位球员，此时他的中距离让小牛陷入了迷茫。热火扳平了总比分。小牛主教练“小将军”约翰逊悲观地说：“我们还没有找到限制韦德的方法。”

这两场比赛，韦德场均轰下 39 分，命中率 55%。小牛对韦德施加的任意“one on one（一对一）”的防守，如白纸一样单薄。小牛此时才刚刚意识到他们的防守出现了一个大漏洞，没人能防住韦德。

第五场“天王山之战”伴随着争议和心跳成为经典中的经典。小牛队的霍华德和特里本场状态神勇，合力砍下 60 分，第二节这二位联手贡献 27 分，小牛迅速反超，半场以 51 比 43 领先。但韦德在最后一节逆天而行，单节 17 分。终场前 2.8 秒，韦德强行切入投中，把比赛拖进加时。加时赛最后 9 秒，诺维茨基跳投反超，热火以 99 比 100 落后 1 分，韦德面对三人防守，造犯规！他在多人夹击中不可思议地再次突进篮下，逼迫小牛犯规，于终场前 1.9 秒两罚命中绝杀小牛，全场砍下惊人的 43 分。韦德投进了几乎所有必须要进的球，他在最后 1.9 秒的 2 个罚球让热火带着 3 比 2 的优势前往达拉斯。

在韦德罚中第一个球时，戏剧性的一幕出现，霍华德叫了小牛队的最后一次暂停，这让“小将军”大怒，但慢镜头回放很清楚地显示。随后韦德罚中了领先小牛的第二个罚球。霍华德因为叫了最后一个暂停，所以小牛只能在后场发球，但时间已经不够，在哈里斯贯穿全场投篮的打铁声中结束了这场充满悬念的关键性比赛。

韦德全场砍下 43 分，虽然命中率不高，但是他在第四节投进了几乎所有必须要投进的关键回应球。而小牛在加时阶段，罚丢了一些必须应该罚进的球。韦德本场比赛投进了一些关键的中距离进球，当被问及为什么小牛给自己足够的跳投空间时，韦德说：“我想他们认为我不会跳投吧。”

此时的迈阿密人只需要一场胜利就可以摸到第一座总冠军奖杯了，莱利决定来个破釜沉舟，只带了一套西服、一件衬衫和一条领带来到了达拉斯，希望用一场胜利解决对手，然后回到迈阿密庆祝胜利。

还是韦德，带领球队逆转了 14 分的劣势，最后时刻特里三分不中，韦德抢下篮板，比赛结束。韦德一声长啸将球抛向观众席，他的第一个总冠军到手了。

最终热火以95比92，赢得了总冠军。韦德全场拿到36分10个篮板5次助攻4次抢断3个盖帽。莱利赞叹："他达到了更高的层次，你们都见证了这个过程，这样的球员很难出现，更别说看着他成长，他在职业生涯的第三年就铸就了传奇，我很高兴能拥有他。"那年韦德24岁，在系列赛中，他场均砍下34.7分7.8个篮板3.8次助攻2.67次抢断1.0个盖帽，最终获得总决赛MVP，成为总决赛历史上最年轻的得到场均30分的总冠军球员，同时被评为NBA总决赛历史最伟大的个人表演。

德克·诺维茨基如此评价他的对手："韦德为他们赢得了总冠军，从第三场我们领先13分开始，他出来接管了整个系列赛。"

热火也成为第三支在0比2落后的情况下依然能够翻盘获得总冠军的球队。这个总冠军也让莱利在1995年来到迈阿密时的承诺得以实现。

德怀恩·韦德是个天生的胜利者，人生赢家，新秀赛季就带领球队打进季后赛。第二年，"紫金王朝"湖人解体，"鲨鱼"东游，韦德获得了一位史上最伟大的中锋之一做帮手，那年的奥尼尔虽然开始老去，但跺一下脚还是能震动半个联盟。当时他失去了科比，却迎来了韦德，第一年就杀进东部决赛，第二年就复仇东部第一的活塞打进总决赛，对阵如日中天的小牛和诺天王。连输两场之后，韦德如杀神附体般站了出来，在返回迈阿密后连扳三场。第六战在客场对战达拉斯，韦德独取36分10个篮板，以一己之力率领热火以95比92险胜小牛，进而以4比2的总比分上演大翻盘问鼎总冠军。

韦德以总决赛34.7分7.8个篮板的出色表现获得总决赛MVP，他成为NBA历史上第五年轻的获得NBA总决赛MVP荣誉的球员。当年看到这些的时候，很多人想起了那个同样闪电般的阿伦·艾弗森，想到他2001年惊天动地的总决赛，英雄挑战王者，但是结果不同，韦德以下克上逆袭成功。而帕特·莱利直接骄傲地宣称："韦德就是矮了五厘米的乔丹。"

那年总决赛，他不只是"迷踪步"突破快如闪电，连中投都变得神准。或许真是上帝穿上了3号球衣。

第一年季后赛二轮，第二年东部决赛，第三年拿下总冠军FMVP，这就是德怀恩·韦德。2006年NBA总决赛注定只属于韦德。有人信誓旦旦地说，若不考虑迈克尔·乔丹的历史地位，这就是一个得分后卫所能打出的最佳总决赛。

MIAMI
3

MIAMI
32
MIAMI
3

第六章
跌宕起伏

01 巅峰过后的深渊

DWYANE WADE

2006 年夏天，一冠惊天下。

科比这么评价韦德：“他是来自地狱的球员，太恐怖了，那爆发力，那速度，简直令人难以置信。”

波波维奇是这么说的：“对于像他这样年龄的球员，他显得那么专业，那么投入，那么正确地诠释和分析，这令我太惊讶了。”

桀骜不驯的马努是这么说的：“我认为韦德比我更有爆发力，有这样的爆发力，对手很难防他。但是要论‘欧洲步’先后，我可是开此先河的。”

对手的评价总是最客观的，这几年韦德的变化确实不小。他开始慢慢体会到球队领袖的职责所在：“我开始注意自己在防守端的表现，因为我知道球队需要我作出贡献。这和三年前不同，那时的我只要确保自己成为最佳球员，而不用去担心对方的最佳球员。”

如日中天的成就与荣耀对于这位“闪电小子”，简直快得如梦似幻，难以置信。然而梦幻并未如预期般持续到来，国家队的事业还是那么不顺利，韦德第二次披上美国男篮战袍。出征 2006 年世锦赛，重蹈 2004 年雅典奥运首度代表美国男篮覆辙，又一次拿下了一枚铜牌。

2006 年 7 月 13 日，韦德续签了一份“3+1”的“缩水”合同，即合同期三年，韦德有权选择是否续签第四年合同。这样，韦德可以在 2009/2010 赛季后选择是否成为自由球员。韦德称这是与勒布朗·詹姆斯的一个约定。那个赛季中，受到 2 月底的膝盖伤势影响，使他缺席整个 3 月的比赛，虽于 2007 年 4 月 9 日复出，却也连带影响他的表现，球队在季后赛第一轮被芝加哥公牛横扫。

拖着浑身“铜锈”，身心俱疲的韦德在 2006/2007 赛季季前训练营报到时，直接告诉当时的总教练莱利他需要休息，莱利也允诺会循环渐进地让他在卫冕之路慢慢跟上脚步。可惜这样的“礼遇”在季初老大哥奥尼尔左膝受伤，开季第七场即挂出免战牌后，一切告吹。奥尼尔不在，为了上届冠军颜面，韦德顾不得再怎么累也只能咬牙苦撑，拖着步履蹒跚的热火队打一场算一场，热火的圣诞愿望不再奢望球队卫冕而是希望奥尼尔快点回来。

到 2007 年 1 月底球队战绩是难堪的 16 胜 25 败，好不容易奥尼尔在 2 月 1 日重披战袍，莱利也预告将在明星周末后复出行事，热火队总算有机会浮出水面五成胜率。但是上帝总是喜欢和人开玩笑，就在韦德参加全明星后首战出战火箭队时，左肩旧伤再遭重创且脱臼，伤势严重到必须手术才可能痊愈。

结果韦德碍于上届冠军颜面、MVP 光环与爆红代言商机，不得不做出延后开刀的决定，改以复健方式应急，并在休息六周半后于 4 月 8 日常规赛倒数第六场复出。热火队最后虽以 44 胜 38 负、东南区第一的战绩拿下东部四号种子，连续三年锁定了东南区的冠军，但是韦德不仅肩伤未愈，连左膝也出了问题。韦德不得不只凭单手与单脚即投入季后赛，首轮即被公牛队以直落四局戳破不堪一击的卫冕假象。

但热火队狼狈出局并非梦魇的结束，韦德因肩伤延后开刀，再加上膝伤也动刀，付出 2007/2008 赛季无法投入季前训练营，并且缺席开季前七战的代价。热火队也连带尝到苦果，开季 1 胜 8 负后即注定球季冒黑星噩运，之后仍是输多赢少，2007 年 12 月 25 日圣诞节还创下了队史第二差劲的 15 连败纪录，赛季尚未过半即确定等着抽选乐透秀签。

热火队好不容易终止15连败后，之后再苦吞了11连败，迫使莱利必须提早展开重建。2008年2月6日菲尼克斯太阳队用马里昂和班克斯换走了奥尼尔。回首这有如“骨牌效应”的惨况，莱利后悔地表示：“当初韦德肩伤即应当机立断让他开刀，长痛不如短痛，或许只需赔上一季，而非现在两季。”

2007/2008赛季，韦德场均得到24.6分、6.9次助攻。3月11日热火队官方网站正式发布了韦德膝盖受伤，赛季提前结束。球队最终战绩是队史最差的15胜67败，无缘季后赛。赔上两季就算了，热火队灰头土脸的连败让韦德左膝旧伤又复发，这次莱利总算不再为几乎已经荡然无存的球队颜面与个人尊严继续赔下去，打完3月8日出战老鹰队一役，即让韦德挂出免战牌去治疗膝伤，希望这两季的梦魇就此打住。

回首韦德过去这两季由云端跌落谷底的际遇，若从正面角度来看，可说是“天将降大任于斯人也，必先苦其心志，劳其筋骨”，但若有“年少得志大不幸”，甚至是“小时了了，大未必佳”的疑虑，好像也难以辩驳，毕竟韦德两年前蹿红得实在有点太过火，绕着他身边打转的商机与广告代言也过度营销到有点不切实际。

还好韦德这位出身芝加哥南区贫民窟，几乎是由姐姐一手拉拔长大的年轻人，并未因先前的功成名就冲昏了头而忘本，也未因接踵而来的低潮与打击而失志，展现出诚如其代言的匡威球鞋广告“Fall down times stand up 8（跌倒七次，站起来八次）”般的愈挫愈勇的斗志与毅力，力拼浴火重生。

奥尼尔的离开无疑迫使韦德变得更加全面。作为昔日的队友，“鲨鱼”仍然惦念着与好搭档曾有过的默契：“不是所有人都能那么快地接受新球员，也许他们会担心自己的出手次数或是战术安排被影响。不过韦德绝不是这样的人。”

在竞技场上，冠军奖杯就是灵丹妙药。有了它，声誉能够改变，冲突会被遗忘，剩下的只有欣欣向荣的景象。韦德要比麦迪或是纳什幸运得多，至少不会有人追着他们问：“这家伙到底能不能拿冠军？”

其实在2006年之后，热火队就不再被归为总冠军争夺者的行列。手上的两枚总冠军戒指隔得太远，世人就会患上健忘的毛病。但事实终归是事实，这一点韦德深信不疑：“那个冠军永远都存在，不管有没有人记得它。我知道会有人穷追到底，‘那你最近几年到底做了点什么’？没办法，这就是我们生活的世界。”

审视过去这两季重摔落地的关键，韦德承认错估自己的左膝伤势，2007年暑假进行

HEAT
3
NEW JERSEY
6
NEW JERSEY
The Miami Herald
el Nuevo Herald
The Miami Herald
el Nuevo Herald
ASSTS
STLS
BLKS
NBA.COM

复健训练时，太在意左肩的复原与强化，而忽略了左膝也需要下同样的功夫。2008 年韦德在 NBA 圈内专业体能训练员格罗沃的指导下，有计划展开下半身肌力强化训练。

2007/2008 赛季，韦德似乎少了什么，他步履有些蹒跚，与之前相比，身上多出了两道伤疤，分别在肩膀和膝盖上，在那劲爆没有文身的身体上，分外显眼。常规赛还有 20 多场，韦德不得不停下来处理折磨了他近一年的膝盖，并立刻开始冲击波疗法，促进膝盖血液的流动。“他们把韦德和机器连接，就像把你的手插入电插座一样，持续 30 分钟。”奎恩说。

春末，韦德拜访了乔丹的训练师蒂姆·格罗沃。在简单的测试后，格罗沃对韦德的膝盖非常担心。当年韦德还是新秀的时候，他们已经有过合作的经历。他对韦德的改变感到吃惊：“他看上去丢失了往日的自信。”五周时间，他们进行了全面的训练，在第六周的时候，韦德叫上了詹姆斯和保罗来芝加哥。

韦德需要他们来观察自己所处的位置。三人与格罗沃的其他客户进行对抗赛，一开始韦德表现得很谨慎，但当保罗给韦德一个高空吊球时，他回来了，伴随着颤抖的篮筐。最后的测试是韦德站在 4 英尺（约 1.2 米）高的盒子上。韦德要跳得尽可能的高，把膝盖蜷在胸前，然后落地。根据格罗沃的计算，韦德落下的力量相当于从 10 英尺（约 3 米）高的地方自由落体。

之后韦德在北京奥运会上的表现可以用四个字形容——凤凰涅槃。

02

奥运之旅的闪亮回归

DWYANE WADE

格罗沃昔日是“篮球之神”乔丹的专属训练员，当年乔丹第二次复出效力奇才队前，即再度接受其“前置训练”，做好重出江湖的万全准备。而像已经逾两季未在 NBA 出赛的前开拓者前锋迈尔斯，以及左膝四条主要韧带断掉三条，也是逾一季半未出赛的快船后卫利文斯顿，也都是接受格罗沃的训练，准备在本季重返球场。

格罗沃接手了韦德整个北京奥运会前的前置训练，当韦德确定可以投入北京奥运会美国男篮备战时，大家都还带着异样眼光，不确定已经蛰伏两季的韦德到底恢复到什么程度，还能看得到昔日“闪电侠”的身手吗？当时只有韦德自己最笃定，因为身体是他的，即使骗得了别人，却骗不了自己，他也知道：“我不只第八次站起来，而且还站得比过去更强更猛！”

当韦德投身北京奥运会训练时，教练与队友很快就意识到“闪电侠”回来了，韦德也绽露出过去阳光大男孩的笑容表示：“我的第一步切入爆发力回来了，我的弹性也回来了，经过专业训练，我的腿劲不但百分百恢复，甚至比以前跑得更快，跳得更高。”

在体能无虞的情况下，韦德只需要调整回比赛感觉加上国际赛的节奏，即可更加肯定“闪电侠”回来了。

韦德无伤无病第三度披上美国男篮战袍，除了发誓将帮助球队完成“重返荣耀”的任务外，更将北京奥运会当成篮球生涯风云再起的挑战赛。掌管美国男篮生死兵符的“老 K”教练除了高兴再添一员猛将外，其实也有点担心韦德的定位，因为韦德是 2006 年世锦赛的先发得分后卫，不过后场两位先发位置从 2007 年奥运美洲区资格赛起即由科比与基德先发。

韦德了解“老 K”教练的疑虑，当确定投入北京奥运会集训时，即当面告诉“老 K”教练：“我知道去年美国男篮的改变，也知道这样的改变是球队成功的关键，我将效法科比全力拼防守的精神，全力配合球队调度，扮演所赋予的角色，以团队合作为优先考虑，以赢球为唯一目标。”就在这样的开诚布公下，老 K 教练将韦德定位成最佳第六人。

“老 K”教练在组军美国男篮时，即强调球员的全能性与多功能性，韦德正是最佳代表之一。进攻上，韦德将可以扮演国际赛的二号与三号；防守上，则更是可以从一号守到三号。尤其是防守，韦德自豪地表示："我在热火队的防守任务比较轻松，也有队友分忧解劳，但是我知道自己在国际赛可以是防守的狠角色，这也是我在美国男篮将担任的工作。"

韦德在 2008 年 7 月 25 日北京奥运会热身赛首战出战加拿大，代替詹姆斯先发，向球迷宣告"闪电侠"真的回来了，攻守无所不在且无所不能，交出全队最高的 20 分与 3 次抢断，招牌切入与空中对抗能力再次让球迷如痴如狂。热身赛五战（一场先发、四场替补）下来，他场均 18 分为全队之冠，投篮命中率高达 72.3%，另添 3 个篮板、2.4 次助攻、2.2 次抢断，连詹姆斯都向 NBA 发出警告："下赛季要小心，因为韦德回来了！"

热身赛的优质表现让韦德吃下定心丸，前进北京奥运会赛场更是放开身手，大肆攻城略地。韦德担任最佳第六人的定位明确，取代过去两年安东尼的进攻箭头任务，几乎场场上来就狂轰猛灌，已经让人够呛的空中接力灌篮还能"加挂"大车轮，技惊四座的腿劲劲爆到无人能比 。

北京奥运会八战（皆替补）下来，韦德除了出战澳大利亚一役得分未达两位数外，其余场场都是两位数进账。金牌争夺战出战西班牙更斩获八战以来最高的 27 分，场均得分 16 分亦是全队最高，另添 4 个篮板与 2.3 次抢断，既是美国奥运史上首位拿下全队得分王的替补球员，也堪称奥运史上最强第六人。2006 年东部决赛防守韦德吃足苦头的美国队队友普林斯说："这次在北京奥运会上，韦德简直就是当年 MVP 的身手重现，所向无敌，没有人挡得住他。基本上，我们就是将球传给他，然后任他变出把戏。"

美国男篮在北京奥运会"重返荣耀"，对于韦德也是风云再起的最佳预告。谈到 2006 年拿下总冠军到 2008 年北京奥运会金牌加身的历程，韦德语重心长地表示："北京奥运会的金牌对我意义深远，两者的背景大不相同，2006 年拿下 NBA 总冠军时，我才是一位初出茅庐三年的小伙子，一切对我而言是这么美好，没有一样不好，但之后却急转直下，噩运一个接着一个，现在能够直跌回升，感受格外深刻。"

对于韦德而言，这枚北京奥运会金牌不只是止跌回升的指标，更带着风云再起的期待，因为他在最高国际赛水平的奥运赛场上，证明自己既能跑，又能飞，而且还跑得更快，飞得更高。即使热火队经过这两年折腾已经面目全非，连当年夺冠搭档奥尼尔都已经被请至太阳队，但对于热火队未尝不是跌深反弹、化危机为转机的转折点。

而且经历这一切，韦德重拾的不只是身手，他的抗压性、心智成熟度与领袖气质经过严苛的淬炼也大幅提升，这将有助于韦德在新赛季带领热火队全力脱困，这也将是韦德篮球生涯的全新挑战。时光仿佛回到2003/2004年新秀赛季一样，当时奥尼尔尚未加盟热火队，韦德靠着初试啼声一鸣惊人的爆发力，即让热火队重返季后赛。

就像2003/2004赛季一样，莱利再次交出兵符，改由钦点的新锐教练斯波尔斯特拉接班领军。韦德和斯波尔斯特拉拥有深厚的革命情感，当年他一手改造韦德的出手协调性与投篮姿势，成就现在的“闪电侠”威胁性与破坏力，将帅感情密不可分，也被视为热火队重建的关键因素。

除了由力挺韦德的斯波尔斯特拉执教外，热火队也在选秀大会上挑进才华洋溢的榜眼前锋比斯利。拥有不俗禁区杀伤力的比斯利将和韦德组成里应外合的进攻主轴，然后搭配韦德同梯战友哈斯勒姆与上季季中加盟的全能前锋马里昂。球队为韦德的风云再起添足人手，就待韦德延续北京奥运会的战力与风采，让热火队跟着一起浴火重生。

韦德不是“梦八队”的首发，但是他每次出场，都能帮助美国队迅速拉开比分。他是老 K 教练手中的秘密武器，是“梦八队”最无解的兵刃。无论何时何地，只要遇到进攻不顺，老 K 教练就会派他出场，因为只要他出现在赛场之上，所有的问题立刻迎刃而解！

作为老 K 手中最锋利的宝刃，韦德总是在最困难的时候上场，面对对方的铁桶阵，“闪电侠”以犀利的突破和精准的上篮打乱对手的节奏，打破敌阵。

分化解了“斗牛士们”的追分势头，而他如此神勇的表现，更让人想起 2006 年总决赛上，那个无所不能的“闪电侠”。

纵观整个奥运赛，韦德场均 16.0 分（“梦八队”得分王）、4.0 个篮板、1.9 次助攻；其中他的投篮命中率高达 74.2%，足以让无数身高马大的内线球员汗颜，德怀恩·韦德就是“梦八队”最赖以仰仗的“无上利刃”！

03

再一次升华

DWYANE WADE

2009年，韦德居然百尺竿头更进一步了，他的水平又提升了，比2006年的时候更强了！经历了两个赛季的伤病，韦德明白了中投才是王道。于是他开始不断地用中投来攻击篮筐，就连最差的三分也多次救主。无论是领导力，还是统治力都达到顶级水准。

2009年全明星赛成了韦德的一个分水岭，在之后六场比赛中韦德场均攻下39.5分、6.8个篮板、11.2次助攻、3.5次抢断、1.5个盖帽的数据——乔丹在1989年4月4日到4月14日的连续六场比赛中场均砍下36.7分、10.1个篮板、11.7次助攻、3次抢断和0.8个盖帽的数据，历史上也仅仅只有乔丹做到过。而全明星赛之后的11场比赛，韦德场均拿下36.5分、5.7个篮板、9.9次助攻、2.8次抢断和1.36个盖帽，还是只有乔丹做到过。在2009年2月28日逆袭纽约尼克斯的比赛中，韦德第四节拿下24分，成为NBA史上第一个在单场比赛中至少得46分、8个篮板、10次助攻、4次抢断和3个盖帽的球员。

2月23日，韦德率队来到奥兰多安利球馆，独揽50分、5个篮板和5次助攻。前热火教练范甘迪说："我担心的是韦德进入名人堂那天，会不断地播放这场比赛，类似在魔术队头上砍下50分之类的。我不知道该怎么说，我以前执教韦德的时候真的很喜欢他，但现在我们的友谊出现了裂痕。"韦德在进攻段内外结合，滑行扣篮，中距离跳投，种种的手段，使得魔术球迷甚至开始喊"MVP"。

对阵拥有东部第一内线波什的猛龙队的时候，韦德轰下40分11次助攻5个盖帽，而韦德这种无敌的数据已经尘封了32年，之前太阳队埃尔文·亚当斯曾得到47分、12次助攻和5个盖帽，但那是在1977年。而之后韦德在对阵猛龙时再次拿下42分之后，他当时近四场的数据是"40+10"，成为NBA史上第三个连续四场比赛平均贡献至少40分和10次助攻的球员，前两位是奥斯卡·罗伯特森以及内特·阿奇博尔德。

在早之前，2008年11月1日韦德对阵国王时拿下20分4个篮板8次助攻4次抢断4个盖帽；11月6日对76人，韦德拿下29分7个篮板6次助攻5次抢断3个盖帽；11月13日对开拓者，韦德拿下36分6个篮板8次助攻2次抢断3个盖帽；对轰詹姆斯，韦德拿下41分7个篮板9次助攻7次抢断；2009年3月10日对公牛，韦德砍下48分6

个篮板 12 次助攻 4 次抢断 3 个盖帽。

2009 年 3 月 14 日白色情人节，詹姆斯在萨克拉门托拿下 51 分 4 个篮板 9 次助攻 2 次抢断 3 个盖帽。在所有人还没来得及提及各种伟大比赛的时候，韦德在第二天晚上就在对阵爵士的比赛中拿下 50 分 10 个篮板 9 次助攻 4 次抢断 2 个盖帽，并且在那天超越莫宁成为热火得分王。

除了得分之外，韦德的防守也是出类拔萃的，他身高虽然不高，但是盖帽能力却非常强悍。韦德身高 6 英尺 3 英寸，也就是 1.93 米，臂展 6 英尺 11 英寸，也就是 2.11 米。韦德拥有后卫中出众的身体素质，他爆发力强，有耐心，判断极为准确，善于捕捉盖帽时机。由于韦德的这些特点，他的盖帽动作最终转化成盖帽，而不是犯规。韦德的这种能力，是很多内线球员都不具备的。曾经有一个有意思的统计，结果显示，韦德是 NBA 历史上身高 1.95 米以下的球员中的盖帽王。NBA 近 8 年的后卫盖帽排行榜中，韦德高居榜首，高出科比近 300 个。韦德在 2008/2009 赛季，一共送出了 106 个盖帽，场均盖帽 1.3 个。这是 NBA 历史上，一个身高不足 1.95 米的球员，首次单赛季完成 100+ 的盖帽。很多人基于此认为，韦德是现役后卫中最强的盖帽球员。

美媒体专家如是评价韦德："更多时候，韦德的表现才会让我想起那个叫迈克尔·乔丹的男人。"相比杜兰特静悄悄的投篮，韦德当时的风驰电掣几乎席卷了联盟的每个角落，在几乎没有几个巨星成为非卖品的今天，球队总裁莱利当时半开玩笑半严肃地说："我最大的梦魇就是韦德在 2010 年夏天成为自由球员。"

2008/2009 赛季，韦德场均取得了 30.2 分，成为 NBA 常规赛得分王，另外场均 7.5

次助攻也平了生涯最高。并且在 MVP 榜中排名第 3，在年度最佳防守球员中排名第 3。韦德场均得分第 1，抢断第 2，助攻第 8，盖帽第 16，成为热火队史第一位得分王是 NBA 从 1972/1973 赛季以来，第一位完成队内得分王 70 次，助攻王 60 次的球员，也是后卫盖帽王。韦德还是 2008/2009 赛季唯一一位至少 100 次抢断、100 个盖帽的球员，也是 NBA 历史上唯一一位至少得到 2000 分、500 次助攻、150 次抢断和 100 个盖帽的球员。

在 2009 年季后赛首轮比赛中，热火队经过七场大战后败给亚特兰大老鹰队。2009/2010 赛季，韦德场均得到 26.6 分 6.5 次助攻。在全明星赛上韦德率领东部联盟以 141 比 139 击败西部联盟，获得 2010 年 NBA 全明星赛 MVP。之后，韦德带领球队进入季后赛，但在首轮被波士顿凯尔特人以 4 比 1 淘汰。

WADE
3
HEAT
30
PokerStars.net

HEAT
HEAT
SPALDING
HEAT
1

第七章
三星聚义

01

神算子的谋划

DWYANE WADE

2010年夏天之前，即便韦德的职业生涯就此戛然而止，他也绝对是NBA历史上著名的超级巨星和孤胆英雄之一。单凭2006年总决赛一役，他不比任何名垂青史的大神们差。在他新秀赛季之后，他就是仅次于科比的联盟第二得分后卫，而在受伤归来的2009/2010赛季，他更是联盟MVP排行榜排名前五的男人。

他是能和詹姆斯对轰40+准三双，并且不落下风的超级英雄，即便以后的任何事情都不再发生，他也早已是迈阿密的图腾，亿万球迷心目中不可替代的偶像，迈阿密人会给他树立一座他侧身贴地加速突破的雕像。

然而，就在2010年夏天，发生了一件小概率事件，历史上堪称奇迹的事件，那就是“迈阿密三巨头”事件。

2010年休赛期，全联盟刚刚目睹了湖人和凯尔特人之间的“黄绿大战”，科比在巅峰尾巴上再夺两连冠，帮助湖人重回巅峰，而凯尔特人“三巨头”和隆多的可怕实力也让所有人看在眼里，在“黄绿争霸”时代，即便是马刺这样的豪强，也很难分一点风头，在东部，“绿衫军”是一座不可逾越的高山。那年的勒布朗·詹姆斯已然是个人实力上的联盟第一人，但他依旧无法击败凯尔特人；那年的韦德依然在自己的巅峰，场均26.6分4.8个篮板6.5次助攻，他在上一年刚刚拿下得分王，这一个赛季又单核带领球队获得东部第五，在最终的MVP排行中也名列第五；那年的克里斯·波什是东部最好的大前锋，他有着迅捷的脚步，全面的进攻天赋，既能够拉出空间中投，又能内线强攻，连续两年的“20+10”数据，但在猛龙，他无法带着球队前进一步。在东部，球队之间的“马太效应”越发明显，强者越强，弱者越弱。

詹姆斯2009/2010赛季为骑士出战76场，场均得到29.7分7.3个篮板8.6次助攻，骑士取得了61胜21负的常规赛联盟最佳战绩；韦德2009/2010赛季代表热火出战77场，场均拿下26.6分4.8个篮板6.5次助攻，热火打出47胜35负的战绩，以东部第五的身份杀入季后赛；波什2009/2010赛季出战70场，场均拿下24分10.8个篮板2.4次助攻1个盖帽，猛龙也险些挤掉公牛晋级季后赛。最重要的是，那年的詹姆斯和波什，都是自由球员。

“神算子”帕特·莱利开始动脑筋，想要吸引詹姆斯这样的球员颇不容易，需要天时地利人和。当时的热火，唯一的吸引力就是韦德本人，热火整支球队的魅力都在韦德一个人身上，而骑士却还是常规赛战绩第一的球队，詹姆斯很难抛弃已经成熟的球队，去投奔东部第五。就连波什也在犹豫，波什当年也是在纽约、布鲁克林、休斯敦溜达了一圈之后才做出决定。

为了百尺竿头更进一步，波什决心投奔迈阿密，和韦德联手，这就是个大新闻了，东部最好的大前锋和东部第一得分后卫联手，这样的实力，足以和凯尔特人以及克利夫兰骑士正面交锋了。这样的组合，对与詹姆斯来说，也是相当诱人的，在“詹皇”的整个职业生涯中，他都从未和韦德这般强大的后卫联手，也从未拥有波什这样的内线帮手。

在詹姆斯成为自由球员之后，骑士也在尽最大的努力想要留下对方，他们深知詹姆斯对于球队的重要性。但是难处是，那一年市场上有那么多巨星成为自由球员，几乎没有人愿意来克利夫兰，而詹姆斯想要冠军仅仅靠一个人是不够的，这一点他已经证明了四年，尤其是 2009 年，詹姆斯场均拿到“38+8+8”的数据，骑士还是输给了魔术。

而在 2010 年季后赛，詹姆斯再次输给了凯尔特人之后，加内特给詹姆斯提出了那个知名的建议：“有时候，忠诚是一种会伤害到你的东西，因为你无法再回到年轻岁月了。”这句话彻底改变了许多人的人生，也顺势改变了联盟的历史。

就在热火签下波什的第二天，震惊世界的“决定”发声了，詹姆斯在电视上直播了加盟迈阿密热火的决定。莱利通过之前的一个交易特例签下了波什，而且合同期限是六年，并且用先签后换的方式得到了勒布朗·詹姆斯。

这对全联盟，对所有新闻媒体来说，都是一个颠覆性的事件，这就好比威震天和擎天柱联手，要对抗全宇宙，就好比乔丹和奥拉朱旺联手，要摧毁全联盟。克利夫兰的球迷们愤怒而悲伤，他们烧球衣流眼泪，他们失去了他们视为图腾的本土超级巨星勒布朗（但未来的故事超乎他们的想象），而迈阿密的球迷们却欢欣鼓舞，他们疯狂地簇拥着“三巨头”，听着勒布朗·詹姆斯许诺说：“Not1，Not2，Not3…Not7.”然后发出南海岸人山呼海啸一样的欢呼，在这个环节中，德怀恩·韦德却只是微笑着站在一边，把舞台让给这个最大牌的队友。

关于这场组建“三巨头”的神机妙算，还有另外一种说法——詹姆斯在成为自由人后，一边接待各支球队的说客，一边秘密召集波什和韦德召开会议。三人最终在克利夫兰见面，詹姆斯率先抛出了组建“三巨头”的观点。

韦德得到消息后，立即知会莱利进行运作。在当时的情况下，骑士、热火和猛龙三支球队，只有热火有能力同时开出三份顶薪合同，组成“三巨头”。正是因为这样，才有詹姆斯后来名扬天下的“Decision”。

也就是说，“三巨头”的成功组建，除了帕特·莱利的神操作外，还少不了勒布朗·詹姆斯的全力推动，他是一早就想和韦德联手的。

“三巨头”是从2007年凯尔特人的皮尔斯、加内特、雷·阿伦三星聚义开始的，这哥儿仨分工明细，完美互补，取得立竿见影的成就，转过年来趁着还不太老的年纪就夺得了2008年总冠军。

于是一时间，诸强纷纷效仿，“穷人版”“草根版”“三巨头”均无建树，直到2010年，“迈阿密三巨头”横空出世！

韦德，联盟第一分卫（渐有超越科比之势）；詹姆斯，联盟第一小前锋（最全能、最具天赋的球员）；波什，联盟排名前五的大前锋（也是独霸一方的龙王）。而更为恐怖的是，这三人均正值当打之年，这与波士顿的“百岁组合”（三人年龄均超三十）截然不同。

三位巅峰期巨星的抱团组合引起轩然大波，韦德、詹姆斯、波什，“热火三巨头”顶着巨大压力上路，一个赛季下来，他们有着两连冠的辉煌，也有关键时刻功亏一篑惜败小牛的落寞。

古人云“三者即众也”，人多力量大，“迈阿密三巨头”虽然没有歃血为盟，结拜兄弟。但彼此友谊深厚，谦和无私，即使在总决赛生死关头之时还慷慨地推让各自出手权。

当迈阿密的那三把火，当他们合力一处时，便是威力无穷的三昧真火……三昧真火，上为君火，中为臣火，下为民火。三昧真火非天火，非野火，乃是修炼成真的三昧火。威力无穷，寻常之水不能灭之。

如果一个巨头发威，那么热火将是一支季后赛球队；如果两个巨头联袂发威，将是总决赛球队；那么“三巨头”合力爆发，那么将是总冠军！

02

詹韦连线

DWYANE WADE

迈阿密热火的辉煌时代从此开启了。

2010 年 7 月 11 日，“三巨头”在迈阿密主场完成了亮相，超过 13000 名球迷到场欢迎勒布朗·詹姆斯和克里斯·波什的加盟。“三巨头”身着热火队服拍摄了新赛季造型照，韦德居中，领袖地位不言而喻，詹姆斯和波什分列两侧。

对于自己加盟热火，詹姆斯表示：“感觉好极了，能来到这个地方，穿上热火的战袍，一切都非常好。我们已经准备让全世界都看看，真正的热火回来了。”同时，他也向所有人许下了冠军的承诺，詹姆斯霸气十足地说：“冠军，就是我在这里的唯一原因。”

对此波什也表示：“我们想聚到一起，然后勒布朗就说，他也想来，他说‘让我们干一把吧，我们共举大业’。”

在这种历史性时刻，韦德也表现得异常兴奋，他说：“这真是如梦幻一般啊！我，克里斯还有勒布朗，我们已经准备好了，我们现在就想去球场小试身手。”

热火总经理帕特·莱利则表示：“这真的不可思议，当我看到 6 号和 1 号出现在我身边时，我才确定这是真的。”

詹姆斯和波什都与热火签下了 6 年 1.10 亿美元的合同，而“迈阿密王子”韦德则在薪金上做出了让步，他签订的是 6 年 1.07 亿美元的合同，工资是“三巨头”中最低的。

你们可以看出，韦德是一名真正的团队球员，为了球队，为了胜利，他是可以牺牲自己的利益的，这是一个好的开端，一切都充满着阳光和希望。

看起来，热火的阵容是奇怪而又充满缺陷，尽管他们拥有两个名人堂级别的球员，还拥有一个全明星级的大前锋，但韦德和詹姆斯都不擅长投射，克里斯·波什固然优秀，但却不是传统意义上的“禁区巨无霸”。他们没有雄厚的内线，也没有出色的投手，但这就是帕特·莱利最期待的“无位置篮球”，勒布朗可以打四个位置，韦德早期出道时定位是双能卫，波什锋线上三个位置都能打。“三巨头”的全能可以把这个他心目中的篮球走向趋势发挥得淋漓尽致。

但这个伟大的试验起初并不顺利，2010/2011 赛季揭幕战当晚，TNT Network 广播对首次身披迈阿密战袍的两届NBA最有价值球员詹姆斯以及克里斯·波什进行了专题报道。这场比赛成了有史以来有线电视收视率最高的一场NBA比赛。这场比赛可谓群星闪耀，热火方面包括：詹姆斯、韦德、波什、“大Z”，凯尔特人这边则有：加内特、皮尔斯、雷·阿伦、隆多、大小奥尼尔。最终，热火客场80比88不敌凯尔特人，虽然第一次较量，新“三巨头”败给了老“三巨头”，但这也拉起了新老“BIG3”两年的战斗，直到2012年雷·阿伦离开波士顿，凯尔特人“BIG3”才宣告解体。

2010年10月29日，“热火三巨头”迎来主场的第一场比赛，凭借韦德的出色发挥，热火以96比70战胜魔术。韦德贡献26分6个篮板3次助攻，詹姆斯得到15分6个篮板7次助攻，波什得到11分10个篮板。这也是迈阿密热火本赛季主场开门红。

然而热火队开局异常艰难，他们在赛季初的比赛中获得了9胜8负的开局。于是斯波尔斯特拉下课，热火总经理帕特·莱利继任主教练的呼声越来越高。而詹姆斯的老东家克利夫兰骑士队的老板吉尔伯特更是大开嘲讽：“我们会比詹姆斯更早夺冠。”

“三巨头”陷入舆论旋涡之中，最终终结这些天风海雨的，还是“三巨头”自己的出色表现。2010年12月2日，两连胜的热火挑战骑士，这是詹姆斯夏天离开后第一次回到克利夫兰，也是第一次以客场的身份来到克利夫兰，他在场上的每次触球都遭到球迷们的嘘声。骑士上一场不敌凯尔特人，这场与热火的交锋对他们来说并不是普通的常规赛，他们要用胜利复仇詹姆斯。但是“热火三巨头”统治了比赛，詹姆斯三节拿到38分，其中有24分来自第三节，他引领球队建立起最多38分的领先优势，最终热火以118比90大胜骑士取得三连胜。詹姆斯得到38分、5个篮板和8次助攻，韦德得到22分、9个篮板和9次助攻，波什得到15分、5个篮板和3次助攻。至此，“三巨头”真正露出了自己强悍的攻击力。

韦德是一直对詹姆斯鼎力支持的，他们二人的友谊，远比我们想象中长远而深厚。2003年，詹姆斯和韦德在选秀前的试训中相识；2008年，他们一同征战北京奥运会；2009年，他们在巅峰大战中惺惺相惜；2010年，他们相聚于美国南部海岸。在“热火三巨头”中，韦德既是詹姆斯的知己，又是波什的好友，还是这两人之间的联系纽带。在这个阶段，人们把他们的团队配合叫作“兄弟篮球”。

仅仅过了三个月，“迈阿密三巨头”就展示了自己的极限在哪里！2011年3月28日，热火主场迎战火箭的比赛里，“三巨头”爆发，合砍94分33个篮板15次助攻，以125

MIAMI
6
MIAMI
3

比119战胜火箭。

詹姆斯出场40分钟，得到33分、10个篮板和7次助攻；韦德打了37分钟，送出30分、11个篮板、5次助攻和2个盖帽；波什出战38分钟，拿下31分、12个篮板和3次助攻。“三巨头”同砍“30+10”，这样的数据虽然在1997年的那支开拓者——伊塞亚·莱德、布莱恩·格兰特、阿维达斯·萨博尼斯合力做到过，但那场比赛他们与太阳队鏖战了4个加时，詹姆斯、韦德、波什的组合仅仅在常规时间的48分钟内就做到，成为NBA历史上64年以来常规赛时间第一个同场比赛有3位球员得到“30+10”的组合。

热火在一定程度上实现了帕特·莱利对于球队的构想——热火依靠詹姆斯和韦德的突破杀伤为基础的进攻模式，超强外线轮转的防守模式。在那个时代，我们最常见的场景就是热火依靠外线超强的机动能力多次包夹换防，韦德踩着溜冰鞋一样在整个半场穿梭，伺机抢断，只要拿下皮球，我们就会看到长虹贯日一般赏心悦目的“詹韦连线”快攻，这是篮球场上献给球迷们最华丽的福利，也是对手们无法限制的噩梦。

“詹韦连线”这个名词来自于2010/2011赛季对雄鹿的一场比赛，那是在密尔沃基雄鹿队主场的一次空中接力。这记空接配合，更成为日后数年间球迷们津津乐道的话题。韦德抢到后场篮板，快攻前场，詹姆斯跟进，韦德完成一个背后击地传球后头也不回地张开双臂接受欢呼，这时詹姆斯才刚刚跳起接球，还在空中飞，就被摄像机拍下来了，照片中的韦德张开双臂，仿佛在迎接复仇天使的降临，而他身后是世界上最好的篮球运动员，在这一刻化身神祇，从天而降。此球经典就经典在韦德的“提前庆祝”，这样的画面恰恰证明了，他们到底是多么默契，多么心有灵犀。

这是真正的“兄弟篮球”！

03

兄弟篮球的首次挫败

2011 年 1 月 27 日，“三巨头”同时入选了全明星，这也是个历史性的事件。

詹姆斯和韦德被选入东部全明星首发阵容，成为第二组同时被选入全明星首发阵容的队友（第一组是 2006 年和 2007 年的沙奎尔・奥尼尔和德怀恩・韦德）。几天后，波什被选入全明星候补，标志着热火队首次有三名球员同时被选入一届全明星赛。

但人们只看到“热火三巨头”的群星荟萃，却没有注意到热火队角色球员上的捉襟见肘。那个赛季，其实迈阿密热火队除了“三巨头”之外，并没有太拿得出手的角色球员，他们身边是老将朱万・霍华德、麦克・米勒、“大 Z”扎伊德鲁纳斯・伊尔戈斯卡斯，“蓝领”哈斯勒姆，能力退化的阿罗约、豪斯、艾迪・库里，还有青涩的查尔莫斯。

热火在一号位上非常空虚薄弱，不得已都是让韦德或者詹姆斯控球组织进攻，直到 2011 年 3 月 3 日热火引进“白魔鬼”毕比，这才让一号位得到了些许补强。

凭着詹姆斯、韦德超强的个人能力，他们还可以在常规赛逐个击破强敌，在湖人、马刺、凯尔特人面前不落下风。虽然热火开局战绩仅为 9 胜 8 负。但在接下来的比赛中他们一鼓作气取得 12 连胜，并在 12 月至次年 1 月取得了客场 13 连胜的成绩，这个客场连胜战绩在 NBA 历史上排第三位。1 月中旬韦德、波什、詹姆斯等人相继因伤缺阵，热火出现了起伏，遭遇四连败。

自从热火组建了“三巨头”之后，人们就一直关注谁才是这支球队的真正领袖，是勒布朗・詹姆斯，还是韦德？当然，韦德占据先天优势，因为在对球队战术体系上，他明显比詹姆斯更为熟悉。但是随着詹姆斯和克里斯・波什的到来，热火的战术体系肯定会发生变化，他必须让这个“三巨头”体系发挥最大的能量。

为了让勒布朗・詹姆斯这位联盟第一人、当时地球上最强的巨星迅速融入球队，韦德做出了巨大的牺牲，他知道詹姆斯不是传统的小前锋，他需要有球在手，需要持球组织球队进攻，所以韦德就主动放弃了一部分自己的球权，自己开发了无球跑位技术，让詹姆斯去持球、去组织，这就解放了詹姆斯的创造力，让他打得更为如鱼得水。

许多年之后，勒布朗・詹姆斯回忆起这些事情，依然对韦德充满感激，他说：“我们都做了改变，但德怀恩·韦德要变得更多，我记得有一次他找到我谈话说，‘要实现最终的目标，你得做好自己，带领这支球队，而我会后退一步，但会一直支持你’。作为一个堪称迈阿密主人的人这样做，他确实牺牲得比我更多，毕竟他已经夺过冠了。我后来增加了很多接球即投，学会了切入接应，那都是他以前擅长的。可以说我从他身上学到了很多。”

这个阶段的韦德并不老，虽然有伤病的频繁困扰，但他依旧是充满统治力的，2008年至2011年是他的巅峰岁月。从北京奥运会强势归来的韦德在他27岁的时候达到了身体状态和竞技水平的顶峰，那时候韦德发动进攻，防守球员的动作如同武术指导设计好的一样，照例让开一条道，然后韦德往往用一个非常漂亮干脆的动作终结进攻，全程干净利落犹如猛虎猎豹捕猎一般赏心悦目，他用“欧洲步”隔扣瓦莱乔那一下，就能证明他的身体状态还在巅峰。

在全联盟之中，韦德是创造力非凡的球员，当他的身体能够支撑他的创造力的时候，他能做出很多你想都想不到的事情，比如对瓦莱乔的那个恐怖隔扣、对那些七尺中锋的盖帽、对那些从5米以外突然扑出的抢断。他有着吉诺比利的直觉、科比的爆发力、艾弗森的反应速度。如果说，在“三巨头”的第一年，我们能从詹姆斯身上看出强大和全能，韦德身上展现的，就是“锋利”和“神奇”。

在经过82场常规赛的磨合后，热火最终以58胜24负的队史第三战绩杀入季后赛，位列芝加哥公牛之后，排名东部赛区第二。季后赛开打后，第一轮对阵费城76人队。热火在季后赛首战主场以97比89击败76人，勒布朗·詹姆斯拿下21分、14个篮板和5次助攻。第三场德怀恩·韦德拿下了32分、10个篮板和8次助攻，热火客场以100比94击败76人，最终季后赛首轮热火以4比1轻松击败76人。

2010年季后赛，凯尔特人首轮以4比1击败韦德的热火，次轮以4比2击败詹姆斯的骑士，而之前的一个赛季又以4比0横扫过波什的猛龙。这一次，韦德、詹姆斯与波什组成的“三巨头”与凯尔特人老“三巨头”对碰，热火先声夺人，在主场以99比90击败凯尔特人。

2011年5月12日，热火主场以97比87击败凯尔特人，从而以4比1的总比分率先晋级东部决赛。热火自2006年后首次进入东部决赛。德怀恩·韦德和勒布朗·詹姆斯终于在“绿衫军”身上复仇。詹姆斯包办最后10分，全场贡献33分和7个篮板，韦德

贡献 34 分、10 个篮板和 5 次助攻，波什贡献 14 分。这一场胜利不但预示着东部至高权力的交接，还预示着勒布朗·詹姆斯打碎了心魔，他在比赛之后跪地哭泣，宣示他终于跨越了一个巅峰。

东部决赛，热火迎来当红炸子鸡、新科 MVP——德里克·罗斯，这位身体劲爆、突破犀利、动若闪电的控球后卫曾被称为“下一个韦德”，他在名帅锡伯杜的指导下率领公牛队拿到了全联盟最好的战绩，并且一路杀进了东部决赛，直面“三巨头”的热火。然而在这场决战中，却造就了“三巨头”的威名，东部决赛首战公牛以 103 比 82 大胜，但此后热火连胜四场，其中第五场，热火在终场前 3 分钟还落后 12 分，但却以 83 比 80 逆转取胜。这就是著名的“黑色三分钟”，2011 年东决 G5，热火 3 比 1 领先，第四节还剩 3 分 53 秒，当布鲁尔在外线命中了一记三分球之后，热火以 65 比 77 已经落后了整整 12 分。几乎所有的热火球迷在这一刻都感到了绝望，但热火场上的球员没人放弃。随后，韦德和詹姆斯的突然爆发让比赛的形势出现了逆转。韦德拿了一个两分、一个“2+1”、一个“3+1”，詹姆斯两个三分、一个两分，最后在三分线外封盖了罗斯的投篮，“詹韦”最后 4 分钟合砍 17 分，最终助热火以 83 比 80 成功翻盘，从而以 4 比 1 的总比分晋级总

决赛。詹姆斯和韦德用事实教会了新科 MVP 什么是防守。热火 4 比 1 淘汰了罗斯和他的公牛队，杀进了总决赛。

总决赛似乎是一个轮回，他们遇上拥有“诺天王”的小牛队，五年之前，他们就曾在 NBA 的总决赛上交手，那时候德克·诺维茨基如日中天，小牛队也强盛到了极点，但德怀恩·韦德用超神的表现逆袭成功，德克这一次，是带着复仇的怒火而来的。季后赛开始之前，没有人看好小牛，因为德克·诺维茨基已经不像巅峰时期那么犀利了，他速度慢了，他不再能像一个后卫一样控球过半场直接急停跳投了，小牛队第二得分手卡隆·巴特勒赛季报销，全队只有一些老将支撑，基德、佩贾、泰森·钱德勒，这都是些被遗忘的人物了。然而他们却在季后赛中一路战胜那些强大的敌人，淘汰开拓者，横扫湖人，逆转雷霆，一路在质疑声中杀到了总决赛。

而这个总决赛，绝大多数人是看好“三巨头”的，总决赛第一战，热火轻松获胜，小牛根本无法阻挡韦德和詹姆斯的轮番冲击。然而噩梦却开始了，总决赛第二场热火主场，波什 16 投 4 中，“三巨头”其他两位拼尽全力，末节遭“德国战车”绝杀，热火以 93 比 95 被小牛逆转，大比分 1 比 1 扳平。在最关键的总决赛第四场，詹姆斯全场 11 投仅 3 中，只得到可怜的 8 分，外加 9 个篮板 7 次助攻。由于无法突入到对方篮下，“皇帝”只获得了 4 次罚球。而那场比赛韦德 20 投 13 中掠下 32 分。总决赛第六战小牛队客场以 105 比 95 击败迈阿密热火队，以 4 比 2 复仇热火队夺得队史第一个总冠军。“三巨头”

组团的第一年以失败结束，人们记住的是“诺天王”无解的杀神表演和韦德落寞的神情。

平心而论，在这个系列赛中，韦德做到了他所有能做的事情，詹姆斯却对不起人们对他的期待，总决赛第四节失魂落魄的表现，成了他一生难以回首的噩梦。

2011 年，韦德终于回到阔别五年的总决赛，对手还是诺维斯基的小牛，不同的是，此时的“德国战车”已化身为“无解杀神”。总决赛第一场詹姆斯火力十足砍下 24 分，韦德甘当配角默默奉献 22 分 10 个篮板 6 次助攻率队取胜。但之后詹姆斯突然陷入迷茫，此时韦德只有拖着伤病独自支撑，之后四场场均砍下 30 分勉强把比分扳成 2 比 3。第六场小牛气势如虹，最终热火 2 比 4 落败。韦德做出了牺牲，却没有得到回报。

三雄聚义，血债终还。疯狂之夏，三英齐聚南海岸，韦德终得强援，热火豪气冲天，剑指总冠军。可惜三雄生不逢时，决战时刻，詹姆斯突然梦游，“闪电侠”再次陷入孤立无缘，最终热火和韦德还了五年前屠戮小牛的血债。三星闪耀，只余一声叹息。

也正是因为这场失利，詹姆斯开始苦练背打技术，重新开始“热火三巨头”的征程。

04

这一冠，给詹姆斯

DWYANE WADE

2011年夏天的那一场失败，不但让“三巨头”的传奇成了一个笑柄，还成就了“诺天王”的盖世功业，单核夺冠，一人击败“热火三巨头”，这让韦德和詹姆斯都成了别人的背景。

韦德却在詹姆斯最低谷的时候表示了对他最大的支持，韦德一再在记者面前承诺交出球权，让詹姆斯掌控球队，以求球队更好地融合。

他说过如下令人动容的话语：“我想给詹姆斯所有一切我能给的支持，他就如同我的亲兄弟一般……听着，我会找到办法的，别为我担心，你只需要做你想做的，做你擅长做的就可以了。”

没有其他人对詹姆斯这般信任了。

勒布朗·詹姆斯总决赛糟糕的表现，粗糙的背打，是导致热火被小牛击败的最主要的原因。休赛季，詹姆斯拜师“大梦”奥拉朱旺，学习低位脚步移动这个短板，让詹姆斯在低位背身单打方面取得了重大突破，他不再只依靠跳投，这让他在2011/2012赛季的投篮命中率提高到53.1%。而德怀恩·韦德，则在不断加强他的无球进攻能力，球队领导权逐渐转移到了詹姆斯身上。

热火在锋线上的防守力量依旧薄弱，还是只能靠“詹韦”二人出色的运动天赋和移动能力去不断补防，这让两大巨星的体能消耗太大，在季后赛和总决赛常常出现强弩之末的状况。巴蒂尔的到来缓解了热火的这一窘境。2011年12月8日，肖恩·巴蒂尔在微博上宣布，他将在新赛季加盟迈阿密热火，上赛季在总决赛中铩羽而归的热火迎来了新赛季首位强援，巴蒂尔与热火签下的是为期3年、总价值为900万美元的合同。从此热火的锋线大闸到位，去除了后顾之忧。

2011/2012赛季，由于劳资谈判引发的漫长停摆，NBA的开赛日延迟到了圣诞节，而比赛场次也从原来的82场变成66场，赛程变得也更加紧密和严苛。常规赛推迟到2011年12月25日才拉开帷幕。热火在揭幕战客场以105比94轻取小牛，报了总决赛失利的一箭之仇。热火结束了常规赛对小牛的14连败。其中詹姆斯拿下了37分、10个篮板和6次助攻，韦德拿下26分、8个篮板和6次助攻。在这个赛季，忽然变得短视的

马克·库班解散了小牛的冠军阵容，从此以后，小牛退出了强队行列。

在这个赛季中，克里斯·波什也开始发力，摆脱他的“伪巨头”称号，2012年1月6日，韦德和詹姆斯双双缺阵，波什一人带队，在客场苦战三加时后以116比109击败老鹰。波什全场砍下33分14个篮板，并且命中关键三分，将比赛拖入加时，最终拿下比赛，从这个赛季之后，波什开始让自己变成一个大个子投手，越打越靠外，为詹姆斯和韦德的突破拉开空间。

这个赛季，韦德虽然放弃了更多的球权，为了球队做出了更大的牺牲，但他同样也练出了出色的无球空切，以及底线的持球背打抛投或者打板投篮，进攻方式更加多样，更加令人难以防守。2012年2月27日，奥兰多全明星赛正赛开打，西部在第四节领先20分的情况下几乎被翻盘，但最终以152比149险胜。此役韦德拿下三双，是继乔丹、詹姆斯之后第三位在全明星赛上拿到三双的球员。

韦德常规赛最出色的表演是那惊心动魄的0.1秒绝杀。2013年3月11日，热火主场与步行者进行本赛季第三次交战，韦德最后时刻的中投绝杀，让热火以93比91加时险胜步行者，同时迎来主场12连胜。“三巨头”渐入佳境，愈战愈勇。

但韦德这个赛季的伤病开始断断续续发作了，膝盖让他不再能疯狂地随时随地做出各种高难度动作，为了团队，韦德将球队老大的位置让给詹姆斯，同时也改变了自身的打法，这便成就了詹姆斯。詹姆斯本赛季场均可以抢下 27.1 分 7.9 个篮板 6.2 次助攻，命中率更是高达 53.1%。

2012 年 5 月 13 日，NBA 与热火队在美航中心共同召开新闻发布会并正式宣布詹姆斯荣膺 2011/2012 赛季 NBA 常规赛最有价值球员，这是他本人第三次获得 MVP 的殊荣。这个荣誉，少不了韦德的奉献和支持。

常规赛结束，热火以 46 胜 20 负排名东部第二，胜率 69.7% 排名队史第四。季后赛首轮对阵的是同为“03 白金一代”的卡梅隆·安东尼，“詹韦”面对自己的好兄弟并没有手下留情。这轮比赛出现了两个小插曲：一是斯塔德迈尔输球后拳砸消防栓，导致手部受伤；二是韦德恶搞前队友毕比，比赛中扔掉了毕比的鞋子。首轮战罢，热火以 4 比 1 淘汰尼克斯，晋级次轮。

次轮季后赛，热火遇到了大麻烦，印第安纳步行者也在三年时光中成长为了东部的顶级强队，保罗·乔治已经是当时炙手可热的“四大小前锋”之一。5 月 14 日，热火在主场 95 比 86 力克步行者，东部半决赛以 1 比 0 领先。这场比赛，波什在一次扣篮中落地时腹部肌肉拉伤退场，热火夺冠前景堪忧。失去了波什之后，热火的内线更加脆弱，这给了当年的步行者中锋罗伊·希伯特极大的自信，他在热火的内线翻江倒海，如姚明一般无解。5 月 18 日，热火客场以 75 比 94 不敌步行者，在东部半决赛中以 1 比 2 落后。此役热火调整首发阵容，将奥特曼和巴蒂尔放入首发。波什伤退后，希伯特大发神威，面对热火羸弱的内线群，拿下 19 分 18 个篮板 5 个盖帽，彻底打爆热火。反观热火，得分最高的竟然是查尔莫斯的 25 分，巴蒂尔和奥特曼两大首发双双吞鸭蛋，队魂韦德 13 投仅 2 中，拿下生涯新低的 5 分。此时媒体一致认为热火将被步行者淘汰，热火面临着巨大的压力。

谁也没想到，这个赛季饱受伤病困扰的韦德还能王者归来，上一场韦德低迷，导致热火输球，热火也陷入 1 比 2 落后的困境，没有人想带着 1 比 3 的比分回到主场。G3 比赛结束后，韦德声称将调整状态，拿下下一场比赛。G4 韦德不负众望，拿下了 30 分 9 个篮板 6 次助攻的豪华数据。而詹姆斯，更是天神附体，打出了“40+18+9”的惊天数据，这一数据在近 25 年只有乔丹做到过。“詹韦”合砍 70 分，热火扳回一城，半决赛总比分 2 比 2。

东部半决赛第五场，比赛移师迈阿密，此役“詹韦”联手拿下 58 分，以 115 比 83 大胜步行者，大比分 3 比 2 领先。比赛至第二节时，韦德强行突破，被哈斯勒姆劈头盖脸地给打翻在地，右眼角出血。一分钟后，哈斯勒姆如法炮制，掀翻汉斯布鲁。赛后，“铁血哈队”被禁赛一场。步行者是当年东部与活塞齐名的防守超级强队，有着著名的“铁血文化”，这就导致整个系列赛双方肢体接触频繁，赛场冲突不断，也陆续有人受伤，步行者核心格兰杰在詹姆斯突破时，强行抱住詹姆斯，结果扭伤了自己的脚。

面对这样艰难的状况，韦德决定将不再有所保留，继上一场詹姆斯打出惊天数据后，韦德也不遑多让。东部半决赛第六场，韦德迎来大爆发，单节拿下 20 分，狂砍 41 分 10 个篮板。热火以大比分 4 比 2 晋级东部决赛，总决赛将面对老辣的凯尔特人和 76 人中的优胜者。

热火艰难地淘汰新贵豪强步行者之后，东部决赛又一次遇上了“绿衫军”，和上一年不同的是，波什受伤缺战，热火仅剩双核，凯尔特人的“三巨头”又老了一岁。系列赛开始，热火主场连胜 2 场，2 比 0 领先凯尔特人。此时，人们都认为凯尔特人真的老了。可是“绿衫军”军魂犹在，铁血防守还在，老“三巨头”硬是靠着铁血意志连下两城，将总比分扳平。东部决赛第四场，詹姆斯和皮尔斯两大核心双双 6 犯“毕业”，韦德最后绝杀失败，热火加时赛惜败凯尔特人。

东部决赛第五场，波什复出，热火仍主场惜败凯尔特人，陷入 2 比 3 落后的绝境。此战也为詹姆斯下一场的爆发埋下了伏笔。“绿衫军”主场连下两城后，对詹姆斯各种嘲笑讽刺，加内特更是全场垃圾话不断。比赛中，詹姆斯持球，朗多大喊：“我来防，放他投，他不敢投。”结果詹姆斯真的将球传了出去，朗多笑道：“我就知道他不敢投。”比赛最后还有 52.9 秒时，皮尔斯在詹姆斯的严防下仍投中关键三分，凯尔特人以 90 比 86 领先，此时皮尔斯向詹姆斯挑衅道：“我就有能力投这种球。”结果显而易见，热火主场憾负。赛后，媒体铺天盖地地指责詹姆斯懦弱、不敢担当。

这反而成就了詹姆斯“死亡之瞳”的表演，东部决赛第六场，热火 2 比 3 落后，移师波士顿，此战若是输了，热火将被淘汰。死亡的边缘才能激发出人最大的能量，凯尔特人最终为自己上一场的各种挑衅和嘲讽埋单。看看这场比赛詹姆斯究竟做了什么，从出场开始便面色凝重、不苟言笑，最经典的一个表情是抬头冷冷地看了赛场和对手一眼，

他全场26投19中，拿下45分15个篮板5次助攻，此前仅有“上古神兽”威尔特·张伯伦拿到过这样的数据。在“死亡之瞳”的加成下，背打、中投、三分样样精通。凯尔特人派出多人防守詹姆斯，仍无济于事。詹姆斯更是在乱军之中抢夺进攻篮板，在巴斯头上强行补扣。

凭借詹姆斯G6的超神表演，热火将比赛带回了迈阿密。热火一鼓作气，以101比88击败凯尔特人，晋级总决赛。巴蒂尔三分球9投4中，开启了日后总决赛超神的三分表演；波什替补出战，三分球4投3中，从此开发了三分球技能。比赛结束后，“绿衫军”难免落寞，老“三巨头”带着泪水和遗憾离开赛场。

跨过“绿衫军”，热火晋级总决赛，总决赛的对手是年轻的雷霆队。2012年的俄克拉荷马雷霆多么强大？当赛季的球迷们都看在眼里，球队大当家凯文·杜兰特，是场均28分8个篮板的新科得分王；二当家拉塞尔·威斯布鲁克，场均23分5个篮板7次助攻，已跻身联盟顶级控卫行列；三当家哈登，是未来的超级巨星，场均16.8分，豪夺赛季最佳第六人；此外，还有场均3个盖帽的“盖帽王”伊巴卡镇守内线。面对季后赛开场后豪取16连胜的西部第一强队圣安东尼奥马刺，雷霆依靠“三少”和“盖帽王”的配置，硬生生地在0比2落后的情况下连扳四局，晋级总决赛。正是这样的雷霆，总决赛第一场逆转热火，总决赛1比0领先。

总决赛第二战，“三巨头”携手发威，詹姆斯拿下了32分、8个篮板和5次助攻，韦德得了24分、6个篮板和5次助攻，波什得了16分15个篮板，巴蒂尔三分球7投5中，贡献17分，热火击败雷霆队。此役，热火的核心战术初步成型，波什牵制内线防守，巴蒂尔三分吸引防守，“詹韦”两大巨星突破撕裂防线，其他角色球员伺机冷箭偷袭。巴蒂尔的超神发挥成了热火赢得总决赛的关键因素，他不但在防守端牵制了内线的伊巴卡，还在进攻端用犀利的三分球射蒙帕金斯，三分球 7 投 5 中，超神表演助热火取胜，可谓热火此役获胜的最大功臣。

巴蒂尔超神发挥之后，热火的小个阵容尝到甜头，主场连下两城，热火队 3 比 1 拿下赛点，主场继续发力，4 比 1 击败年轻的雷霆队，夺得“三巨头”以来第一个总冠军。当詹姆斯捧着总冠军奖杯的时候像个孩子一样笑了，“03 白金一代”的三位巨头终于一起品尝了胜利的味道。面对缺乏经验的“雷霆三少”，“热火三巨头”用经验和决心给年轻人们上了一课，让他们懂得成功不仅是依靠天赋，还得有耐性和执行力。总决赛最后一场，詹姆斯拿下三双，韦德 12 投 7 中高效地拿下 20 分，“三巨头”聚首第一冠之后，迈阿密不再是联盟公敌。

德怀恩·韦德自 2006 年之后，第二次收获了自己的总冠军戒指和奥布莱恩金杯。同时也和勒布朗·詹姆斯一起打碎了心魔，越过了山丘，粉碎了所有的质疑，再次登上了篮球最高殿堂的王座。

05

两连冠！这一冠，给自己！

DWYANE WADE

“如果没有经历我的低谷，就没有资格分享我的辉煌。”这句话正是韦德的人生写照，人们只知道他一次次登上高峰，却从未关心过他经历过什么，从来没有在欣赏他飞速突破的英姿后，想一想他那自大学时代就失去半月板的膝盖，他每一次突破、扣篮，都要忍受骨头和骨头碰撞的痛苦。

2011/2012 赛季也是韦德开始真正转型的一个赛季，只不过由于缩水赛季密集的赛程，以及自己过多的伤病让他的这个赛季转型看起来并不是那么成功。

这一切都来源于 2011 年总决赛的失利，面对小牛的联防整个球队并没有找到更好的破解办法，尤其是詹姆斯一度迷失在小牛的肌肉丛林之中。痛定思痛，詹姆斯休赛期拜师奥拉朱旺精进了低位技术，斯波教练开始重新考虑对詹姆斯的定位让詹姆斯发挥自己全能的优势，而不是固定地让詹姆斯打某一个位置。同时韦德主动表示支持詹姆斯成为球队的掌舵者，自己作为一个辅佐者的角色。而韦德自己休赛期也进行了增重，更多地打内线进攻，这一切正是无位置篮球的开始。

从这一个赛季开始，韦德的定位已经开始出现了一些变化。一方面在进攻端更多地出现在低位，通过自己的力量优势，通过自己的脚步，或者勾手，或者抛投，或者底线转身上篮接近油漆区得分，低位的效率一度排到联盟后场前三；另一方面更少地投三分球，用更多的无球跑位，通过简单的方式得分。

但是过多的伤病让这一切并不那么的顺利，整个赛季韦德左脚踝和右脚踝相继扭伤，手指受伤令他一度缺席了 17 场比赛，失去了和球队更多磨合演练的机会。更糟的是 2007 年做过一次手术的左膝盖再次出现酸痛的情况，整个赛季的后半段韦德看上去已经失去了自己的爆发力，出现慢热表现，经常只能打半场好球，在很多比赛中上下半场判若两人，这些表现一度遭到了很多人的质疑。到了东部半决赛对步行者第三场，韦德 13 投 2 中仅得 5 分的时候，很多专家痛斥韦德表现，开始怀疑热火的季后赛前景。然后韦德强势反弹，第四场下半场 22 分，第六场 41 分，这些表现更多地体现了他的求生意志，体现了他的斗志。从竞技层面来看，韦德的确已经不在自己的最好状态上了，随后东决

面对“绿衫军”，总决赛面对雷霆的比赛也说明了这一点，虽然最终拿到了总冠军，拿到了自己的第二个戒指，但是从整体来看这真的不是最好的那个韦德。

2011/2012 整个赛季韦德出场 49 场，场均 22.1 分 4.8 个篮板 4.6 次助攻，这是新秀赛以来第二低的出手次数，第二低的得分，生涯得分第一次降低到了 25 分以下，投篮命中率是生涯第二的 49.7%，最佳阵容排在第三阵容，一个合格但是没有超出预期的赛季。

2012 年夏天的休赛期，韦德进行了左膝盖的关节镜手术，恢复期为 4 至 6 个月，因此缺席了奥运会。在此期间，韦德更换了自己的投篮教练，事实上韦德 2011/2012 赛季的中投可以算得上糟糕，命中率降到新秀赛以来第二低的 33%，韦德自己给出的解释是自己需要提高的是投篮之前的运球衔接。还有一点是韦德和新的体能训练师一起训练，训练自己的力量和柔韧性，这一切为转型提供了更好的保障。

2012/2013 赛季，是迈阿密热火“三巨头”的又一个美妙赛季。

在这个赛季，热火继续补强自己的冠军阵容，2012 年休赛期，他们签下了 NBA 历史“三分王”——雷·阿伦，从此之后，他们在外线拥有了雷·阿伦、麦克·米勒、巴蒂尔三杆长枪，威力不可同日而语。与此同时，“绿衫军”令人闻风丧胆的“三巨头”也因此解体，热火在东部的敌人们逐渐衰落了下去，这正是建立王朝的好时期。

但是在这个赛季，埋在他体内的一切伤病隐患都一起爆发了，他那个缺失半月板的膝盖开始不断折磨他。赛季初他小心翼翼，不敢全力发挥，赛季中期再次受伤，一直拖着肿胀的膝盖打到了季后赛开始。

尽管如此，但韦德依旧要继续向前，继续战斗，他饥渴的心还没有满足，他必须去完成一件事情——第三枚 NBA 总冠军戒指，这是勒布朗·詹姆斯的第二个冠军，也是热火的二连冠，更是他自己的第三个冠军。“3”对他来说是一个包含特殊内涵的数字，第二个冠军是为了勒布朗·詹姆斯，第三个冠军则是为了他自己。

他说：“我曾一度被认为是联盟前三的球员，但因为伤病，人们渐渐开始怀疑我的能力，所以，我需要这个冠军来证明自己。”

那个赛季，韦德豁出去了，他不在乎伤病、不在乎痛苦、不在乎数据，他只想赢。

2012/2013 赛季是韦德入行的第十年，同时也是韦德真正转型成功的一个赛季。本赛季韦德的定位更加明确，进攻端作为“二传策应手 + 侧翼单打手 + 快攻发动机 + 第二阵容”的 Playmaker。由于休赛期引进了雷·阿伦、刘易斯这些投手，韦德几乎放弃了

三分球，进攻端他用生涯第三低次数（16.4 次）和生涯第二低的控球率（USG29.3）换来了生涯最高的命中率（52%），这不得不说是一个神奇的变化。

热火的战术也因此变得简单高效，通常由后卫拿球推进到前场，交球给詹姆斯高位组织，然后跑到强 / 弱侧给底线球员做无球掩护，无球队员开始跑空切，找掩护，基于这样的战术，韦德的得分更加合理轻松。

无球的时候，韦德的空切越来越得心应手，中路空切，两侧底线绕掩护空切，反切通常都能形成很好的得分机会。韦德当赛季的空切占总得分方式的百分比是 11.5%，平均每回合得分 1.3801 分，命中率高达 73%，空切不仅成为韦德得分方式的一部分，也是热火战术体系的一部分。2012/2013 赛季，韦德简直可以被称为“空切大师”。

与此同时，韦德的挡拆进攻依然高效，背身单打依然精纯，值得一提的是韦德的背身单打比较类似传统中锋的打法，受限于身高，韦德背身后仰跳投相对较少，更多的是靠打对方后卫或者抛投或者勾手。转换进攻更是热火的特色，由于热火的高压防守，对方一旦失误或者不进球，很容易给“詹韦”制造表演的机会，在快攻当中韦德的视野、传球能力、速度和终结能力是无人替代的。

休赛期韦德加强了投篮之前的运球练习，韦德当赛季的投篮节奏变得更好了，中距离的命中率达到生涯新高的 43%。总结一下，2013 年的韦德减少了单打，减少了不合理的出手，减少了投三分机会，增加了中距离出手，增加了无球跑位空切，背身更加熟练，快攻依然犀利，这样的韦德得分手段更加多样化，更加难以防守，更加高效简洁，同时也保护了自己，减少了膝盖的损耗。

防守端韦德依然是外线的防守大锁，单防顶级，是热火整个防守体系的支柱。赛季高光亮点颇多，顶级后卫碰到韦德的时候往往非常难受，尤其是双杀火箭、湖人，冻结哈登、科比的比赛让人印象深刻。2012/2013 赛季韦德单防对手的命中率限制到了 30.4%；协防补防也有亮点，关键时刻屡有封盖和抢断的表现。

由于 7 月才开始做膝盖手术，9 月底训练营开始时韦德才回归。伤病还是影响着他整个赛季的表现，虽然赛季常规赛第一场面对老冤家凯尔特人，韦德一度得到了 29 分，但接下来的 11 月场均不过 17 分。尤其又在客场之旅的途中感冒，在掘金的主场扭伤脚踝，缺席了三场比赛，回归以后打得不瘟不火，导致美国 TNT 电视台的名宿巴克利在直播节目中公然批评韦德失去了运动能力，雷吉・米勒更是声称韦德只是队内的第三选择。

熟悉韦德的人都了解韦德是很在意这些批评的，同时这些质疑也让韦德打球更加有动力，韦德像以前一样通过球场的表现进行回击。对篮网的 34 分，对黄蜂的 26 分，对老鹰的 26 分，成功回击了所有质疑。事后韦德还通过媒体向巴克利喊话，问他为什么要说他失去运动能力，一连问了几个“为什么”，由此可见韦德何等在意别人对自己的看法。

韦德依旧是那个不服输，对质疑不依不饶的斗士。在整个 27 连胜期间，韦德场均可以得到 25 分 6 个篮板 5 次助攻，命中率可达 53%，根据 ESPN 的 Elias 数据，韦德是继乔丹之后首位连续 11 场得分上 20，命中率超过 50% 的后卫。韦德在那个赛季的关键时刻——比赛最后 5 分钟两队差距在 5 分以内，韦德出手 60 次命中 30 球拿到 80 分（包括 20 次罚球命中），在所有关键时刻得分达到 80 分的 20 名球员中，韦德的投篮命中率仅次于帕克（52.1%）位居第二。而且韦德在关键时刻送出 6 次抢断和 7 次封盖，其中封盖数据位列 20 人中的首位。所以在当赛季，韦德曾经一度位列 MVP 排行榜前四。

虽然伤病缠身，但 2012/2013 赛季，韦德依然能够场均得到 21.5 分、5 个篮板和 4.8 次助攻，命中率达到生涯新高的 51.6%，PER 值是 23.8。数据上一点都不华丽，但是一点也不容易，整个联盟的外线仅有四个人达到了这个水平，其他三位是杜兰特、詹姆斯和帕克。2013 年 3 月 12 日，NBA 官方发布了东西部周最佳球员，韦德力压詹姆斯当选。当然，整个赛季下来，MVP 还是勒布朗·詹姆斯的，在 MVP 奖杯颁发之后，韦德曾偷偷拿手机对着詹姆斯的 MVP 奖杯拍照，此情此景令许多球迷动容。

热火当赛季豪取 27 连胜，这是全美职业体育联盟中第二长的连胜纪录，仅次于湖人队的 33 连胜。热火 3 月的战绩达到了恐怖的 17 胜 1 负，这是一支 NBA 球队单月取得的最多胜场数。热火常规赛战绩为 66 胜 16 负，胜率高达 80.5%，为队史最佳，高居全联盟第一。

迈阿密热火带着联盟第一的战绩杀入了季后赛，2013 年 6 月 4 日，迈阿密热火在东部决赛中以 4 比 3 艰难击败了印第安纳步行者，连续三年杀入总决赛。

总决赛七战打得惊心动魄，韦德因为膝盖不适，状态极差，当时主帅斯波尔斯特拉决定用减少比赛时间的方式来缓解韦德的膝盖伤痛。韦德立刻否决了主教练的提议并提前抽取膝盖积液，以便能够帮助球队。

2013 年总决赛，热火大比分 2 比 3 落后，“三巨头”在总决赛对阵马刺期间遇到了前所未有的困难，6 月 12 日，热火客场以 77 比 113 大败马刺 36 分，净负 36 分创造了

球队队史季后赛输球分纪录。6 月 19 日，热火队大比分 3 比 2 落后，在几乎无路可退的情况下雷·阿伦在第四节还有 5.2 秒时投入扳平三分，比赛进入加时，最终热火以 103 比 100 战胜马刺。

总决赛之前，就有医生爆出韦德已经患上慢性关节炎。在关键的第六战中，在上半场临近结束前，韦德和吉诺比利相撞，令膝盖伤势再次复发。被换下场后，队医虽然对韦德的膝盖进行了长时间的按摩，但是依旧不能缓解伤痛。在更衣室接受理疗的韦德，甚至错过了第三节相当长的比赛。

6 月 21 日，抢七大战中，韦德带着严重的膝伤苦战总决赛，他依旧全力以赴，在激烈如肉搏战的对抗中，唯有韦德知道自己承受了多少痛苦。抢七大战中热火全民皆兵，詹姆斯的稳定，韦德的跪地救球，波什的封盖，雷·阿伦的续命三分，巴蒂尔的三分 7 投 6 中，米勒的赤脚三分，“鸟人”的热血防守，为热火赢得了胜利，热火主场以 95 比 88 战胜马刺，以总比分 4 比 3 战胜对手，成功卫冕总冠军。

在这场总决赛中，虽然韦德不再是主角，但他还是德怀恩·韦德，他的斗志永远无人能比，即便是年华老去、病痛缠身，他依旧心如铁石、眼中喷火、咬牙苦斗、不死不休。哪怕膝盖像刀割一样痛，哪怕职业生涯会在明天结束，哪怕再现“韦德摔”，哪怕用爬行这样的姿势，为了胜利，他会在任何时候杀进人堆、搏命上篮、舍命抢断。

在整个总决赛期间，他的膝盖缠着厚厚的护膝和绷带，就像当年尤因那样，每一次移动都似乎能让观众感受那痛楚，他不再快如闪电。热火进攻失误，马刺后场断球，邓肯和莱昂纳德如飞赶去，准备接球快攻，韦德离球最近，可是他没有爆发力和速度去追赶，他做了一个简单的动作——扑倒在地板上，用膝盖向前爬了几步，单手把皮球击出界外。虽然是电光石火的一瞬间，却似乎过了一个世纪，拼命赶到的邓肯怅惘地抬起头闭上双眼。我们虽在局外，似乎都能听到韦德喉咙里的低吼，和邓肯无奈的叹息。夺冠后，韦德叼着雪茄，解开绷带，把一整瓶香槟倒在膝盖上，说：“你辛苦了。”

他的医生知道，那个肿胀的膝盖下，还有三片碎骨。

他说：“我和我的膝盖谈过，老伙计，如果你给我一场好的比赛，我就给你一个好的夏天。”

韦德说过，第一枚戒指是为了老将莫宁和佩顿们，第二枚戒指是为了詹姆斯的加冕礼，第三枚戒指则是为了自己而战。

至此，他都做到了！

迈阿密联合军团很有些邪恶的味道了。从他们组建的那一刻起，他们就注定是邪恶的。似乎是为了同我行我素的“03 白金一代”精英们的风格相搭配，同样邪恶的阴谋家，促成迈阿密大集结的第一推手，教父帕特·莱利为他们量身设计了传说中的无位置篮球。

迈阿密的战争，不仅仅是“03 白金一代”的价值观之战 ，还是新潮与经典之战。他们要用风驰电掣的骑射，挑战盘踞大地的巨人阵。他们之所以敢这么做，只因为他们同时拥有詹姆斯和韦德。如果能以这种理念卫冕乃至开创王朝，那将是多么拉风的划时代壮举?

他们的总决赛对手换成了传统球队的最典型代表——圣安东尼奥马刺，精确、严谨、服从、坚韧，一如他们的领袖，16 年如一日的邓肯。

马刺牢牢咬住了詹姆斯的软肋，用极具弹性的团队防守将其挡在罚球线以外，隔绝他和队友，围观他投篮。并非纯粹投篮手的詹姆斯犹豫了，他的节奏在犹豫中悄然消失。总决赛前三场，詹姆斯打得一塌糊涂。韦德则在前三战有着华丽的零星单挑，高效但却不足以左右局势。

既然迈阿密的第一王牌受困，昔日的战神再不出手更待何时？韦德突然就恢复了闪电的速率，以骨里榨血的方式。他燃烧着自己，打出了那个系列赛中的个人最佳表现——

32 分。当韦德解决比赛后，詹姆斯在最后时刻找回了一点信心。此后，詹姆斯在那个系列赛中的得分再未低于 30 分。

最终的生死战，韦德是最放松最享受的那一个，他已经有很久未曾体验过死亡游戏了，就好像久别血腥的鲨鱼。上半场所有人战战兢兢，汗出如浆，唯有韦德好整以暇、随心所欲地单挑失魂落魄的丹尼·格林。这是帮助迈阿密挺过最困难阶段的单挑表演，最终成就了勒布朗·詹姆斯 37 分 14 个篮板的神级发挥，而韦德则贡献出并不显眼但却举足轻重的 23 分。

迈阿密再一次在悬崖边上死里逃生，然后逆击取胜，加入了串联冠军者的行列，一个新的王朝呼之欲出。在这一场战役中，韦德比上一年更显困顿，但神之光泽不因风尘而消退，战神一怒，依然万众震恐。

他依然是最后的胜利者！

CHAMPIONS
2006
CHAMPIONS
2012
CHAMPIONS
05 06
CHAMPIONS
MIAMI
3
PLAYER STATS
0
PACERS
55
21
9

第八章
越过山丘

01

风流云散

DWYANE WADE

天下没有不散的筵席，也没有永不分开的兄弟。人人都羡慕桃园三结义，不想做瓦岗的一炷香，人人都自我标榜有情有义，却不知岁月催人老，没有一辈子的袍泽兄弟，也不会喊一辈子“岂曰无衣”！

2013/2014 赛季开启的时候，谁也没有想到这个赛季热火的最终结局，包括韦德和詹姆斯自己，他们在准备自己的第三个冠军，在 NBA 历史上，三连冠就代表着一个无可非议的王朝。就像当年的湖人、公牛、凯尔特人一样，迈阿密也将迎来自己的历史性时刻。但激烈的比赛对韦德的膝盖破坏太严重了，虽然休息了一个夏天，但他甚至不能全力去完成所有的常规赛。

韦德 2013/2014 赛季的数据跌破了场均 20 分，在组成“三巨头”后，韦德不仅为了热火放弃了千万美元，他还牺牲了自己数据和球队地位。在运动界满满都是贪婪的运动员，他们将工资看得比什么都重要，但韦德却为了大局着想放弃了工资。已经拥有一个总冠军并且每年入选全明星，韦德已经没有什么可以向迈阿密或者 NBA 其他球队证明的了，但韦德仍然想做得更多。

一个超级巨星在当打之年与另一个超级巨星合作，并愿意屈居第二，这样的事是前所未闻的，但是韦德做到了。一个超级巨星肯为了他的新团队、新队友，为了他最在乎的城市和球队，为了胜利而甘愿屈居第二，这样的事是非常罕见的，但是韦德做到了。

在“热火三巨头”时期，你从来未曾见过这样一个韦德，他不再快如闪电，强如钢铁。2014 年，32 岁的韦德饱受膝伤困扰，状态阴晴不定，甚至不是背靠背的比赛，他也一度缺席……毫无疑问，韦德的缺阵令热火一度陷入低迷。那个赛季在韦德因伤休战的 11 场比赛里，热火仅取得 5 胜 6 负的战绩，胜率不足 50%；而当韦德能够健康出战时，热火的战绩是 24 胜 6 负。有韦德的比赛，热火场均净胜对手 7 分，没有韦德的比赛，热火场均得失分差只有 1.27 分；有韦德的比赛，热火场均失分只有 96.6，没有韦德的比赛，热火场均失分达 104.6 分。

“迷踪步”是“闪电侠”安身立命的独门绝技，而如今却成为他现实的一种写照。

接下来的比赛，没有人知道韦德缺战几场，但很少有人质疑“闪电侠”的威力。因为无数次的鏖战证明：无论身负何种重伤，在关键时刻，那熟悉的“闪电侠”一定会杀神归位，成为迈阿密最锐利的那把利刃。

可以说，2013/2014 赛季，韦德就是热火队的晴雨表，有他在，詹姆斯就无后顾之忧，没有他，詹姆斯就会压力倍增。虽然他再也不是当初那个“闪电”，但韦德依旧可以提供强悍的协防，贡献一气呵成的抢断快攻。在詹姆斯常规组织进攻不能奏效的时候，韦德又能提供霸气的个人单打，或迷踪突破或背身打板——虽然次数不是那么多。可以说，詹姆斯是掌控全局的舰长，而韦德却是打破僵局撕碎敌人的尖刀利器，一个是无锋的玄铁剑，另一个是吹毛断发的鱼肠匕首。没有他，热火攻防两端都不够锋利。没有“闪电”的照耀，“皇帝”的天威就不够堂皇。

岁月是个无情的判官，无论你当年如何追风逐电、荡气回肠，总归会容颜老去、筋骨损折，由于膝盖缠绵不休的伤势，“迷踪步”从全天候使用的无解杀器，变成了关键时刻才图穷匕见、见血封喉的绝招。他虽不再是热火最好的球员，但却是热火最硬的骨头，他信任詹姆斯，詹姆斯也足够伟大，但是某些时候，他比詹姆斯嗜血得多。

四年之中，“热火三巨头”已经成了全联盟仰望的标杆，“詹韦组合”也成功地成为球迷们的偶像组合。随着 2013/2014 赛季东部决赛淘汰步行者，热火连续第四年杀入 NBA 总决赛，而在此之前，在 NBA 中只有湖人与凯尔特人两大豪门曾经做到这一点，就连迈克尔·乔丹与他的公牛都未曾达到。他们的对手，依旧是圣安东尼奥马刺，依旧是“GDP”三驾马车，依旧是满头白发、通红面庞的波波维奇，依旧是后脑勺很有特点的马努·吉诺比利，依旧是表情古井无波的蒂姆·邓肯。

在这四年季后赛里，热火队总共经历了 15 个系列赛，除了 2011 年总决赛被小牛队斩于马下，其余 14 个系列赛热火队都是最终的胜利者，包括过去两个赛季两度问鼎，“热火三巨头”的季后赛胜率高达 93.3%。在这一点上，唯一胜过热火队的就是公牛队巅峰时期的乔丹、皮蓬和罗德曼组合，这三人只合作了三个赛季，却创造了一系列令后人只能仰视的惊人纪录，其中就包括 12 个系列赛全部获胜，100% 的夺冠率。

韦德的无私得到了四年四进 NBA 总决赛的回报，这个成就只有其他两支球队做到过，它们是波士顿凯尔特人和洛杉矶湖人。有意思的是，历史证明了四进总决赛比拿三次总冠军还要困难，因为三连冠在 NBA 历史上已经完成过五次了。但是在大多数世界球迷的眼中，詹姆斯和韦德联手热火在四年只拿到两个总冠军。从来没有一支队伍像迈阿密热火一样在四年都处在“夺冠或解散”的谣言中；从来没有一支队伍的球员需要承受住这么大的压力来赢得胜利，但是韦德和迈阿密热火赢了，不止一次。这些通过努力和奉献而获得的成就成了最具商业价值的卖点之一。

纵观韦德的 NBA 生涯，他克服了膝伤、肩伤、腹股沟拉伤、肋骨撞裂、骨裂等伤病。韦德不仅比其他现役超级巨星克服了更多的伤病，他也更多地放弃了金钱和在球队中的地位。

韦德已经赢得了 3 次总冠军，1 次 FMVP，10 次入选 NBA 全明星。在 2013/2014 赛季的赛程中，这一切都向着美好的方向发展，许多专家、记者、球迷都支持热火，认为他们能够再次创造辉煌，完成三连冠，毕竟蒂姆·邓肯 38 岁了，马努·吉诺比利 37 岁了，他们一天比一天老，但是媒体人和球迷都低估了马刺复仇的决心。

除了第一场“空调之战”的苦战落败，以及第二场的艰难胜利之外，圣安东尼奥马刺没有给热火任何的机会，4 比 1，三场均是大比分屠杀。比赛的过程全世界都看在眼里，迈阿密热火找不到任何办法去破解马刺的团队篮球，吉诺比利爆发出了最后的神奇光芒，他像 25 岁的少年一样和热火死磕，就像前一个赛季总决赛的韦德一样，邓肯打爆了热火的内线，他像一条鲇鱼一样搅得热火整条防线不得安宁。最可怕的是，马刺培养出了他们年轻的接班人——超级巨星伦纳德，他的长臂大手让伤重的韦德、失去斗志的勒布朗·詹姆斯疲于应付。马刺的传球如水银泻地一样精彩流畅，全世界都在为他们欢呼，迈阿密热火再也无力抵抗，“三巨头”辛辛苦苦攒起来的半个王朝轰然倒塌。

2014 年总决赛之后，人们都在说，这是真正的团队篮球击败了詹姆斯的“兄弟篮球”，马刺和热火的总决赛就是最好的例证，虽然马刺的“GDP 组合”也可以被定义为“巨头模式”，但马刺对此“三巨头”的依赖程度远不及热火之于詹姆斯、韦德和波什的“三巨头”。马刺可以在没有“GDP 组合”的情况下，依旧打出水银泻地般的团队篮球，可热火一旦缺少了“三巨头”中任何一人的发挥，就会落入万劫不复的地狱。

马刺主帅波波维奇说得好：“我的球队中没有特权球员。”马刺或许会在关键时刻依靠邓肯、帕克等人的突然爆发，但对于整场比赛，他们还是像一台稳定的机器一样强悍地运转着，这也正是他们为何能在 15 年跨度里夺得 5 座总冠军奖杯的原因。

年轻的伦纳德捧起了 FMVP 奖杯，马刺老“三巨头”相拥而泣，庆祝他们时隔七年再次登上世界之巅，而背景则是上届冠军热火队和勒布朗・詹姆斯。

在一片喧嚣下，却没有人去谈论德怀恩・韦德。这原本是他的球队，他的比赛。

然而更糟糕的事情发生了，在 2014 年总决赛过后，勒布朗・詹姆斯宣布："我是一个阿克伦的孩子！"他要回家了。

曾经快如闪电的得分后卫，在这个联盟已经待过了 11 个年头。那些杀神附体的片刻，那些辉煌荣耀的镜头，那些电光石火的突破，那些轻灵和迅猛的结合，那些刚柔并济的瞬间，还令人回味无穷。

詹姆斯另起炉灶，他也得重整河山了。世界日新月异，年轻的力量风起云涌，韦德也会随着潮流而改变自己，永远用最好的竞争姿态去迎战整个世界。虽然洛瑞的全明星得票压过他一头，但在东部联盟，韦德依旧是睥睨天下的第一得分后卫。场均 22 分，他还是顶级的得分手，并且他还是可怕的第四节得分王。

2013/2014 赛季迈阿密糟糕的进攻，使得韦德不得不经常在关键时刻站出来，去做救世主和终结者，而这两件事情，全联盟没有人比他更靠谱了。虽然青春和天赋不再回来，虽然失去了速度和爆发力，但韦德依旧能为自己和队友创造进攻机会，依旧不遗余力地防守，依旧从不消极地对待比赛中的每一秒钟，依旧在球队的生死关头燃烧自己的小宇宙。他身边还有兄弟、团队，还有他最珍视的荣耀感，从头再来，他依然能越过山丘。

02

独自为王

DWYANE WADE

帕特·莱利使出了千种手段，也未能挽留住詹姆斯的归心。

韦德却并不在意，他对他人乃至兄弟的决定都表示理解，詹姆斯有詹姆斯的人生，自己有自己的世界，不需要强求。

他对记者说："我从娘胎出来以后从来没有人带过我。"

记者问道："算'三巨头'时期的热火吗？"

韦德："算！从来没有！"

这就是韦德一直以来对人生、对世界的态度。还记得2003年他入选NBA的那年，全明星新秀挑战赛，记者采访他的时候却拼不出他的名字，背后的詹姆斯和安东尼都在嘻嘻哈哈，韦德沉着脸对他说："记住了，我叫德怀恩·韦德，D-W-Y-A-N-E,W-A-D-E!"一个字一个字念给记者听，他就是个较真的人。

教练斯波说："韦德每天都是第一个来训练的，他每天都来得很早，每个训练日他都投入自己全部的精力。"

韦德全身心地投入训练，因为这不仅仅是简单的训练营。他必须这样做，为了证明他已经成功地过渡到自己生涯的新篇章。这并不简单，但是对于他来说什么事都还不晚。在和詹姆斯共事的四年里，韦德的身份从和詹姆斯共有特权的巨星转变成球队二把手。尽管韦德一直是迈阿密的象征，聚光灯还是关注着他的一举一动，除了一直以来偶尔出问题的膝盖。

韦德一直以来都没拿过队内第一高薪，从新秀合同起，韦德先后在薪资上低于大奥尼尔和小奥尼尔，再低于詹姆斯和波什。"三巨头"期间，韦德就开始降薪，后来，兵败圣城，热火迎来比总决赛更加艰难的挑战，为了留下詹姆斯，韦德再次跳出合同准备降薪，然而詹姆斯还是走了，当初签的4年合同到期。先是为了挽留詹姆斯，而后为了球队签下罗尔·邓，他又放弃原合同剩余的2年4200万美元，改签了一份2年3100万美元，而让波什拿了一份上亿的大合同，韦德心里全是球队和兄弟，几乎没有他自己。

作为跟詹姆斯最亲近的人，韦德并没有太多地去了解詹姆斯的想法，即使他知道詹

姆斯已经是自由身，而觊觎他的球队多不胜数。当詹姆斯跟他坐在同一架飞机上，谋划着未来出路的时候，韦德依然不放在心上。韦德心胸如此之宽广，对兄弟，他两肋插刀，但却不要求兄弟一定要同等地回报他。

整个迈阿密热火，就靠韦德一个人扛着前行。

2014 年 7 月 16 日，韦德正式与热火达成一份 2 年 3100 万美元的续约合同，在第二年拥有球员选项。韦德在自己的 Instagram 账号上分享了一张自己站在总冠军旗下的照片，并且深情地写道："家就是心灵的所在……我的家，我的城市，我的地方。"

在 2014/2015 赛季里，韦德场均得到 19 分、4.5 个篮板、4.7 次助攻和 1.5 次抢断，在新赛季没有詹姆斯的热火，韦德和波什成为带队的两个箭头，"闪电侠"身上的担子无疑会更重。

韦德再次与热火相拥，那是他在 NBA 中为之效力 11 年的球队，他从未去过迈阿密以外的地方。毫无疑问，韦德巩固了他在迈阿密的终身地位。

2011 年的六场总决赛中，韦德场均得到 26.5 分、7 个篮板和 5.2 次助攻，投篮命中率达到了 54.6%。随后的一年里，韦德将对热火的控制权让给詹姆斯。在那个赛季里，韦德带伤出战，他却用自己的表现帮助热火得到了队史第二座总冠军奖杯。

在 2014/2015 赛季里，韦德常规赛只打了 54 场比赛。在季后赛，韦德不再像当初那样神勇。2014年之夏，当韦德与热火完成续约，毫无疑问，他重新回到球队头号得分手的位置，以“迈阿密之王”的名义率领热火向奥布莱恩金杯发起冲击。

韦德从来不是一个抱怨队友、抱怨命运的人，在这个时代，忠诚已经成为老牌男人的怀旧情调，利益和荣耀成了联盟最引人注目的东西，这11年，无论高潮还是低谷，他从未想过抛弃这座城市，帕特·莱利也宣称——韦德是迈阿密的灵魂。2005年他打着封闭和活塞搏杀的时候，2006年他逆天表演掀翻小牛的时候，2009年他独木难支却咬着牙击败公牛仰天怒吼的时候，他都把自己当作这座城市的孩子，忠诚不只是一个单词，而是血管里沸腾的烈火。

一个人扛起这支球队的未来，这是个千钧的重担，但这对韦德来说，并不算什么稀罕的事情，他早已习惯了孤独和寂寞，过去四年只不过是个美妙的插曲，兄弟缘尽，情怀诉尽，总归要回到独霸一方、动刀动枪的岁月，这才是属于韦德的人生。

他生来就是独当一面的大英雄，他无须再站在别人身后做后盾，无须再收敛锋芒，退居幕后，做着刺客游侠的事情，他骨子里是一位君王，他是“03白金一代”第一个夺冠的巨星，他有着自己的荣耀和骄傲，他无须向任何人俯首称臣，无论是勒布朗·詹姆斯，还是凯文·杜兰特，乃至于詹姆斯·哈登。“闪电侠”即便年华老去，伤病难愈，但他依旧牢牢守着英雄的尊严，从他出道至今，没有任何事情能阻挡如烈火沸腾般的“迷踪

步”，更何况他在转变打法、丰富技术。他是一个如科比般骁勇、刻苦、好胜如狂的男人，上天赐给他一个重回巅峰的机会，他也决然不会放过。

当你进入迈阿密这座城市，扑面而来的就是韦德巨大的广告牌，上书“韦德之城”。11 年来，他都是这座城市的王子，在 2006 年那场惊天动地的总决赛之后，帕特·莱利宣称他是“矮了五厘米的乔丹”。但在 2010 年詹姆斯到来之后，韦德交出了热火这艘巨舰的控制权和指挥权，像一把锐不可当的鱼肠剑，收起了自己的盖世锋芒，退居幕后，让詹姆斯纵横捭阖、掌控全场，充分发挥自己的天赋。

但彼时彼刻，“詹皇”的二次决定已经发生，离开了并肩战斗四年的迈阿密，回到了他的家乡克利夫兰，从此兄弟再成敌手。迈阿密失去了战术核心和联盟第一人，但他们并没有失去灵魂和主心骨，德怀恩·韦德依旧会像四年前那样守护这个城市，毕竟，这是他的都城，鱼肠剑藏锋出鞘，必将再次绽放出刺骨的寒光。

詹姆斯在骑士再次组成了“三巨头”，他有了欧文和乐福，而韦德身边，除了相濡以沫的克里斯·波什、查尔莫斯、科尔，还有纳皮尔这样的菜鸟控卫，而从前詹姆斯的死敌丹尼·格兰杰，也在夏天转投热火，不过这位铁血小前锋也被伤病折磨得不复当年之勇。这样的阵容，比之二连冠时期自然是大打折扣。

在这个科比老去，哈登崛起的时间里，人们不曾想过真正的第一得分后卫是谁，上个赛季，数据大爆炸的哈登被媒体和球迷封为第一得分后卫，韦德曾对此表示不以为然，但新生代的力量不可阻挡，杜兰特力挺前队友哈登。韦德似乎已经成了上古时代的铠甲武士、岐山上的赵子龙、定军山下的老黄忠，不断出现在评论家和球迷的视野里。当哈登展示着无解的“欧洲步”，汤普森抬手射出神准的三分球，而德罗赞用超群的弹跳完成一次次华丽的暴扣时，韦德早已与这些炫酷的年轻人划清界限，他洗净铅华，一招一式变得简洁而高效，无论是翻身背打还是冲击篮筐，他都会在闪电般的罅隙里做出决定，一击致命。在过去两个赛季，韦德平均得到 20.3 分 4.8 个篮板 4.9 次助攻，并且维持着 53.1% 的命中率。只有詹姆斯的数据能够超过他，并且这只是韦德失去球队掌控权，而且处于生涯低谷时期的数据。

所以，年轻人有年轻人的新玩具，他有他的老把戏，真要到刺刀见红的时候，他不比任何人差。

2015 年 3 月 17 日，迈阿密热火主场迎战克利夫兰骑士，这也是德怀恩·韦德和勒

布朗·詹姆斯的兄弟重逢之战，恩怨情仇汇集的“迈阿密风云”再次上演。

兄弟之间的寒暄归寒暄，真上了场，韦德可是一点都不手软，面对来访的詹姆斯，韦德显得尤为兴奋，“闪电侠”的斗志和速度似乎都回来了。

快攻中，韦德遭遇三人包夹，但他毫不犹豫，施展开招牌式的大幅搂球跳步上篮，晃开两人，扛着欧文打板上篮得手。从那结实有力的步伐中，依稀还能看到当初那个强壮劲爆的“闪电侠”的影子。面对如今大出风头的欧文，韦德似乎也找回了自己从前比赛的热情和兴奋度，整个上半场，三次面对欧文的单防，韦德都选择了单挑。两次造犯规成功，一次底角的背身单打翻身跳投得手，几乎生吃了欧文。

而德拉季奇的存在，更是让韦德如虎添翼，这个运动能力、创造力极其出色的斯洛文尼亚白人小伙儿，似乎给韦德带来了重返青春的神仙水。第二节末，骑士进攻失误，德拉季奇断下皮球，后场甩出一记炮弹般的长传，韦德疾风幻影一样快下，接球冲起来就是一记单臂战斧劈扣，这一球，简直宣告“迈阿密王子”的王者归来。整个第二节，球场都成了韦德一个人表演的舞台，暴扣之后，他又施展“欧洲步”杀进内线得分，骑士的内外线防守根本无法限制他的脚步。

韦德如此肆虐，“詹皇”显然看不下去，一次阵地战进攻中，他直接面对韦德的防守，一发狠直接强行突破，结果人过去球留下了，还没反应过来，韦德已经一个人控球杀到前场空中掠过两人，以一记观赏性十足的反身拉杆上篮得手，全场沸腾。韦德上半场就11投8中砍下21分，三节就轰下了27分，全场得到32分5次抢断。

韦德表现异常出色，而詹姆斯发挥欠佳，前三节每节仅命中一球，虽然在末节发威，全场砍下 26 分，但毕竟为时已晚，热火最终以 106 比 92 战胜骑士。

赛后，当詹姆斯与韦德在球场中央再度深情拥抱时，全场观众起立鼓掌，甚至依稀能看到韦德眼中闪烁着泪花。不需要铺垫与渲染的兄弟情，此时已超出了其他一切。有种兄弟，叫作“詹韦”！

虽然，如今两人已各为其主，但他们的友谊比之前更深厚。詹姆斯赛后公开表示：“我很开心，韦德能找回昔日的状态。”而韦德则把赞美送给了自己的好兄弟：“能和现在最好的球员在场上打比赛，感觉很好。”

然而，这样的韦德越来越少见了。你从来未曾见过现在这样一个韦德，他不再快如闪电，强如钢铁，他饱受膝伤困扰，状态阴晴不定，甚至不是背靠背的比赛，他也一度缺席。

一个又一个赛季，韦德不仅仅放弃了他的工资，也牺牲了他的身体健康，也改变了他的打球方式，只为了给球队换来胜利。韦德这样说：“当你踏入 30 岁门槛，走入职业生涯的下半程，你的体质就不同了，你必须打得更聪明。我冲击篮筐的次数没有比其他人少，不过我打得更聪明些。在这个联盟，如果你不改进，你就会被淘汰。”

2015/2016 赛季，德拉季奇加盟了热火，但韦德依然忧心的是波什的伤病问题。韦德和他的现任妻子尤尼恩，以及波什及其妻子埃德丽恩一同前往海地度过狂欢节，这是让波什放松的旅行，因为他在全明星周末感到胸部和两肋酸胀，时常昏昏欲睡，疼痛难忍。

最终是妻子埃德丽恩说服波什前往医院就诊，由此检查出不适的根源——从腿部扩散到肺部的凝血肿块——肺部的血栓性栓塞症。

那个 2003 年和他一起进入联盟，情如兄弟的克里斯·波什患上了严重的血液疾病，一个一流明星大前锋，就此淡出了联盟。

“三巨头”的传说，彻底成了风中的传说。

03 闪电逆袭

DWYANE WADE

詹姆斯离开南海岸后，连续四年杀进总决赛、两夺总冠军的热火王朝就此坍塌，伤兵满营，青黄不接，上赛季甚至掉出了季后赛之列。

2015/2016 赛季，波什的赛季再次报销，这让韦德不得不独自肩负起整支球队。赛季中期，“关键先生”乔·约翰逊和热火无缝对接，韦德终于又得到了一位强有力的帮手，率领热火以东部第三的身份杀入季后赛。

值得一提的是，2016 年 3 月 20 日，热火主场 122 比 101 大胜骑士。韦德火力全开，独得 24 分，在詹姆斯面前完成了“20000 分先生”的晋级礼，生涯总得分达到 20011 分。

34 岁的韦德完成了 2011 年之后最健康的常规赛之旅，出战 74 场，场均得到 19.0 分 4.1 个篮板 4.6 次助攻，“20000 分先生”水到渠成，也让他在休赛期的努力见到了成效。

运动能力的衰退不可避免，韦德用丰富的技巧弥补身体素质变差造成的能力衰退，他仍然是热火的顶梁柱，是球队关键时刻最可靠的武器。从上赛季乐透区球队到这个赛季的东部第三，韦德带领热火一步步走向复兴！

这次季后赛冲击再次重燃迈阿密火焰，如果韦德与詹姆斯能在东部之巅会师，将是最完美的兄弟恩怨的了结。

2016 年，“闪电侠”又打出一个史诗级的季后赛。

34 岁，满身伤痕，波什淡出，“白边”伤退，没有人看好韦德这一季的前景，但他们却忽略了一个王者的雄心。韦德季后赛总得分连超五位传奇巨星（斯科特·皮蓬、卡尔·马龙、奥拉朱旺），每逢生死时刻他都会站出来拯救热火，韦德无疑是那年季后赛表现最完美的球员之一。

东部半决赛与猛龙系列赛他场均轰下 25 分。首战韦德在最后时刻抢断“2+1”上篮杀死猛龙，次战韦德依然在常规时间投中关键三分追进加时。第三场韦德在第三节完成了单节 18 分的惊天表演，以一己之力射杀猛龙，全场更是拿下 38 分 8 个篮板 4 次助攻。第四场比赛又是韦德，在终场前 12 秒上篮命中，帮助热火将比赛拖进加时，在加时赛接着抢断暴扣决定了比赛。

第五场，韦德最后 2 分钟连取 8 分，帮助热火一度几乎逆转猛龙，但最终输掉“天

传奇解码

8力挽狂澜： 2016年4月30日，热火客场以97比90战胜黄蜂，最后3分钟热火以88比90落后，韦德连续投进两记三分球外加一记锁定胜局的高难度压哨中投，最后时刻连砍8分，帮助热火将比赛拖入抢七。

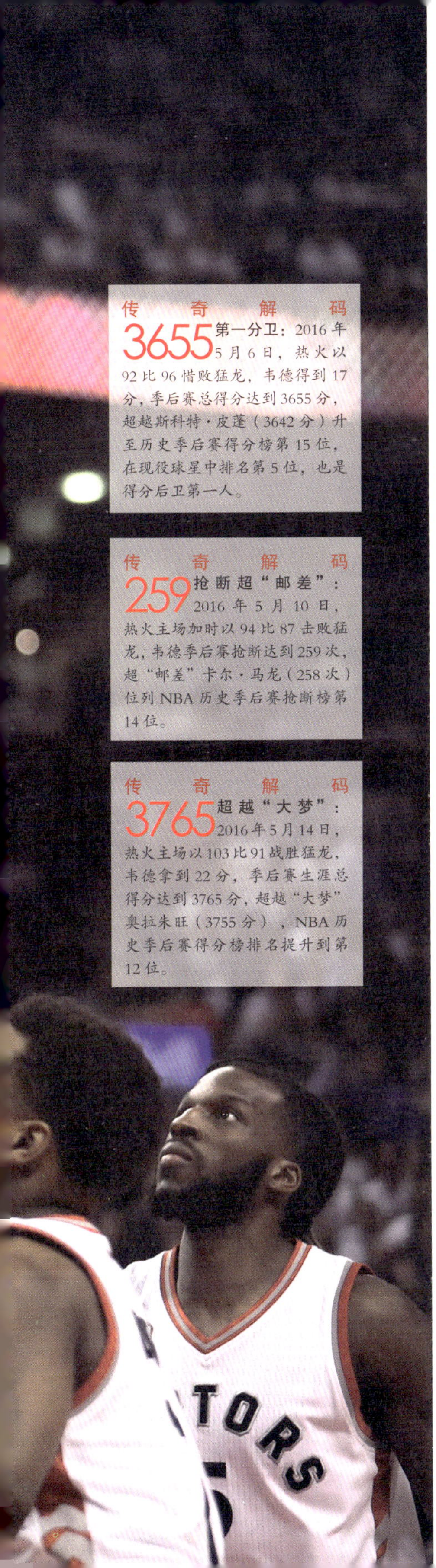

传奇解码

3655 **第一分卫：**2016 年 5 月 6 日，热火以 92 比 96 惜败猛龙，韦德得到 17 分，季后赛总得分达到 3655 分，超越斯科特·皮蓬（3642 分）升至历史季后赛得分榜第 15 位，在现役球星中排名第 5 位，也是得分后卫第一人。

传奇解码

259 **抢断超“邮差”：**2016 年 5 月 10 日，热火主场加时以 94 比 87 击败猛龙，韦德季后赛抢断达到 259 次，超“邮差”卡尔·马龙（258 次）位列 NBA 历史季后赛抢断榜第 14 位。

传奇解码

3765 **超越“大梦”：**2016 年 5 月 14 日，热火主场以 103 比 91 战胜猛龙，韦德拿到 22 分，季后赛生涯总得分达到 3765 分，超越“大梦”奥拉朱旺（3755 分），NBA 历史季后赛得分榜排名提升到第 12 位。

王山之战”。第六场，韦德最后末节在攻防两端连续发威决定比赛。

而在季后赛首轮对阵黄蜂时，韦德就已经打出巨星级表演，连一向不准的远射也校正了准星，季后赛三分前七投全中。首轮第六战，热火以总比分 2 比 3 落后黄蜂，最后关头热火比分落后，濒临生死一刻，韦德命中两记三分，连得 8 分，率热火绝境逆转。

在 2016 年季后赛统计中，最后 5 分钟内相差 5 分的得分榜，韦德排名全联盟第一；没有助攻单打得分，排名全联盟第一；关键 2 分钟内抢断和封盖，全联盟第一。

毫无疑问，韦德依旧是联盟中那把吹毛断发的绝世利刃，是迈阿密当仁不让的超级英雄。

传奇解码

160 **盖帽超乔丹：**2016 年 4 月 30 日，热火客场以 97 比 90 战胜黄蜂，韦德送上 3 个盖帽，季后赛总盖帽达到 160 个，超越乔丹（158 个）跃居历史第 29 位，成为 NBA 历史季后赛封盖第一的分位。

04

忠诚何价?

DWYANE WADE

忠诚本不该待价而沽，但在商业世界里，一切都是有价待售品，即便是象征图腾的忠诚。当年“闪电侠”打着封闭忍着剧痛，年复一年地和铁血活塞决斗，他燃烧着没有半月板的膝盖，击溃了如日中天的小牛。

2006 年夺冠时，帕特·莱利那句“德怀恩·韦德就是矮了 5 厘米的乔丹”。一直鞭策着韦德完成一项又一项超越自我的任务，让韦德在巅峰期光芒万丈。然而为了那惊天的荣耀和一时的超神，韦德依旧透支了他的青春和魔力，他不再快若闪电般穿越球场上的肌肉森林，也不再能飞龙在天般肆虐篮筐。

帕特·莱利已经提前预支了韦德的超能力，透支过度的“闪电侠”如今只剩一副躯壳，跌落神坛的韦德又被“神算子”弃之如敝屣，令人感到心寒。

“2003 年，我的职业生涯从迈阿密起步，很荣幸能与他们并肩作战夺得了三个总冠军，回首我们一起取得的成就令人感到骄傲惊奇。”韦德在离开后，给热火和球迷们写了一封感人至深的信。

韦德不想离开热火，但热火却在将他的剩余价值榨得差不多之后，将他弃之如敝屣。关于忠诚的问题，始终只是一个传说。能从一而终的球员寥寥无几，连乔丹都晚节不保，连艾弗森都曾离 76 人而去。如今的韦德亦是如此……

“03 白金一代”的“闪电”，拥有划破天空的速度与犀利，为迈阿密夺得三冠，享受倾城之众的宠爱与膜拜，德怀恩·韦德是如此的骄傲与优异。

他的骄傲不允许热火的慢待与忽视，所以几次谈判之后，韦德毅然放弃了热火漫不经心的报价，选择了公牛 2 年 4750 万美元的合约，回到家乡，重装再战。2016/2017 赛季韦德穿着一身红色战袍，但胸前写的却是公牛的字样。韦德远走“风城”芝加哥，那里是乔丹辉煌过的地方，也是玫瑰绽放过的地方，当然那里也是韦德的故乡。

十三个春夏秋冬，韦德陪热火一起度过。他见证了球队的无数辉煌与荣辱，见过了无数的大风大浪，即使热火处于低谷与彷徨，他也从未选择离去。韦德俨然已成了热火的图腾，得分、助攻、抢断均是队史第一，篮板排名第四，盖帽排名第二。然而就是这

样一个为球队立下不世功勋的忠臣，却从没拿过队内最高薪。到了 2016 年夏天，莱利开出的 1000 万美元的年薪彻底激怒了韦德，公牛则是诚意满满，给了这位“芝加哥之子”足够的尊重。几乎为热火贡献了自己全部的韦德选择了回家，游子归乡，叶落归根，无可指摘。

最可悲的是亲手将其逼走之人竟是当初将其带入联盟之伯乐。生意场如此残酷，不免令人唏嘘。

迈阿密位于美国佛罗里达州东南角比斯坎湾，人口超过 559 万人，是美国东南部最大的都市圈，以阳光、沙滩和浓郁热带风情而著称。

韦德在 2003 年首轮第五顺位被迈阿密热火选中。刚入联盟的他还略显青涩，但凭借他犀利无比的突破，快如闪电的速度征服了观众，成了迈阿密的标志人物。

他将细致、柔和同霸气、张扬的特性完美统一，场下低调、内敛的韦德，在场上霸道纵横、狂野如火。很显然韦德的球风与这座动感的热带名城相得益彰，使他成为迈阿密上空最为迅疾的那道闪电。

韦德不仅超越了莫宁的 9460 分，成为迈阿密热火的历史总得分王。而且在场均得分、总助攻数和总抢断数上也在队史上名列榜首。

当然，这些还不足以说明“闪电侠”的伟大，而为迈阿密热火赢得三座总冠军奖杯，让韦德实实在在成为这座热带名城的篮球王者。

USTLE STATS
TOL/:20
6/1
HEAT
3
BACARDI
INDIANA
55

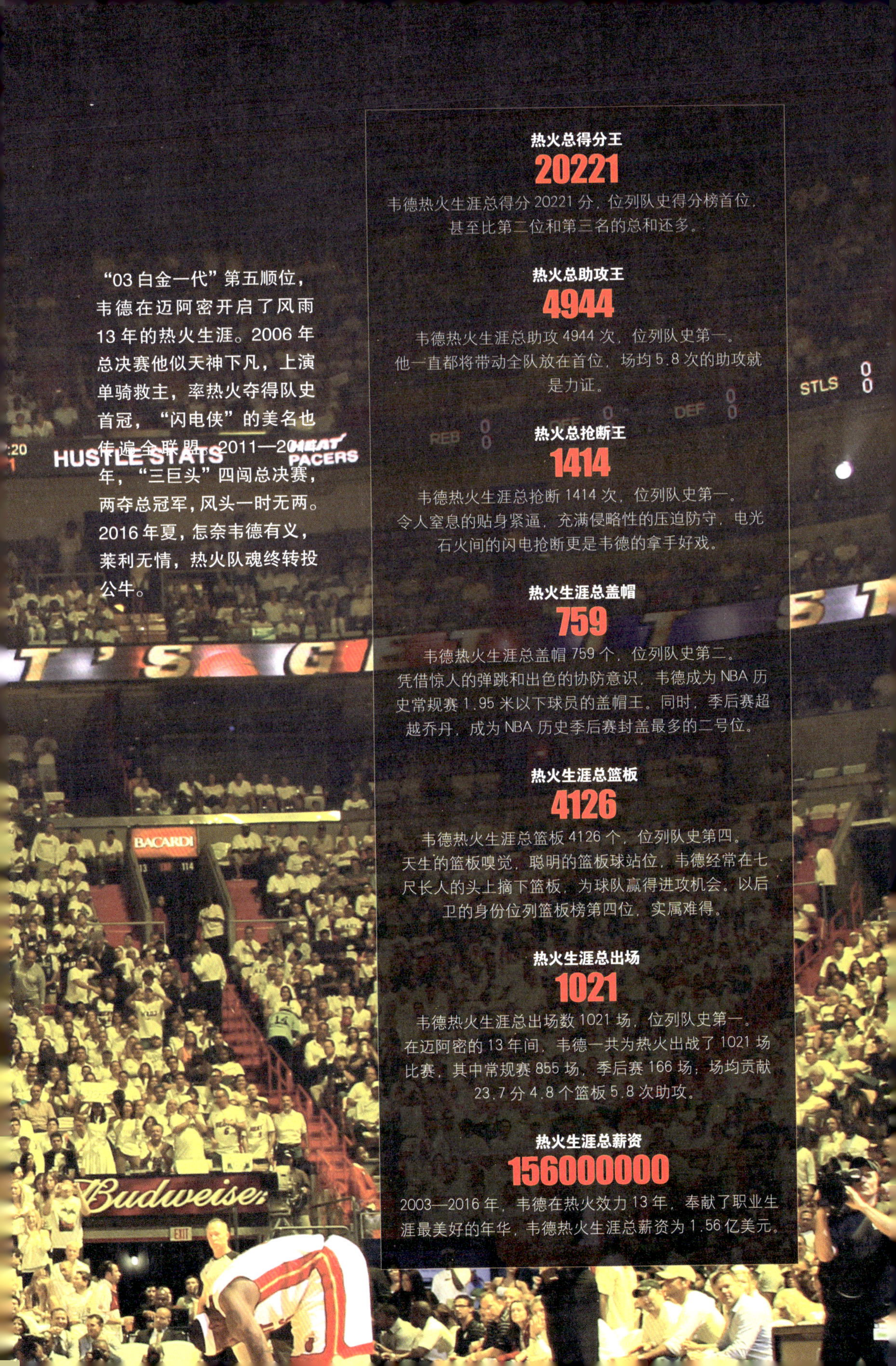

"03 白金一代"第五顺位，韦德在迈阿密开启了风雨 13 年的热火生涯。2006 年总决赛他似天神下凡，上演单骑救主，率热火夺得队史首冠，"闪电侠"的美名也传遍全联盟。2011—2014 年，"三巨头"四闯总决赛，两夺总冠军，风头一时无两。2016 年夏，怎奈韦德有义，莱利无情，热火队魂终转投公牛。

热火总得分王

20221

韦德热火生涯总得分 20221 分，位列队史得分榜首位，甚至比第二位和第三名的总和还多。

热火总助攻王

4944

韦德热火生涯总助攻 4944 次，位列队史第一。他一直将带动全队放在首位，场均 5.8 次的助攻就是力证。

热火总抢断王

1414

韦德热火生涯总抢断 1414 次，位列队史第一。令人窒息的贴身紧逼，充满侵略性的压迫防守，电光石火间的闪电抢断更是韦德的拿手好戏。

热火生涯总盖帽

759

韦德热火生涯总盖帽 759 个，位列队史第二。凭借惊人的弹跳和出色的协防意识，韦德成为 NBA 历史常规赛 1.95 米以下球员的盖帽王。同时，季后赛超越乔丹，成为 NBA 历史季后赛封盖最多的二号位。

热火生涯总篮板

4126

韦德热火生涯总篮板 4126 个，位列队史第四。天生的篮板嗅觉，聪明的篮板球站位，韦德经常在七尺长人的头上摘下篮板，为球队赢得进攻机会。以后卫的身份位列篮板榜第四位，实属难得。

热火生涯总出场

1021

韦德热火生涯总出场数 1021 场，位列队史第一。在迈阿密的 13 年间，韦德一共为热火出战了 1021 场比赛，其中常规赛 855 场，季后赛 166 场；场均贡献 23.7 分 4.8 个篮板 5.8 次助攻。

热火生涯总薪资

156000000

2003—2016 年，韦德在热火效力 13 年，奉献了职业生涯最美好的年华，韦德热火生涯总薪资为 1.56 亿美元。

SPALDING
SPALDING
BULLS
3

第九章

烈火归风城

德怀恩·韦德传

01

国王离开迈阿密

DWYANE WADE

一个将来会首选进入名人堂的球星，曾三次带领热火尝到总冠军的滋味，却从未当过队上薪水最高的人。作为球迷，常希望他应该继续为球队做出牺牲，继续让薪水打折扣，但实际上贪心的是球迷，不是韦德。韦德不是那种什么都想要的人，球迷才是。

韦德为了证明自己，上赛季豁出去地打出了近六年来最高的出勤率。尽管他当时34岁了，但依然有19分、4.1个篮板和4.6次助攻的上佳表现。可以说他是上赛季东部季后赛发挥最好的三个球员之一。

人们无比期盼一个球星一生终老一城，像德克之于小牛、邓肯之于马刺、科比之于湖人一般，成为一段口口相传的佳话。13年，一个球员职业生涯最美好最绚丽的时光全给了热火，五次东部冠军、三次总冠军、一个FMVP、一个得分王，855场常规赛、20221分、4126个篮板、4944次助攻、1414次抢断，759个盖帽、6760次罚球，166场季后赛、3781分、877个篮板、828次助攻、261次抢断、166个盖帽，1173次罚球，12届全明星、一次AMVP、一次最佳新秀一阵、三次防守二阵、八次联盟最佳阵容、六次月最佳，他几乎是一个人撑起了热火的光荣和梦想，他是这座城市的图腾和英雄。

他是这支球队当之无愧的当家巨星，但他这13年来没有一年拿到球队的顶薪，韦德职业生涯只赚了1.56亿美元，而同为“03白金一代”的安东尼则是1.766亿美元。与从未降薪的“甜瓜”相比，“闪电侠”足足少赚了2360万美元。

但热火管理层吃准了他重情重义的性格，吃准了他对球队的不舍，对名声的爱惜。一而再，再而三地压榨他的合同。韦德13年来赚的薪资和康利的一笔5年的合同基本持平，球队的续约合同全无诚意，开始给了1000万美元的年薪，而后因追求杜兰特失败才加到2000万美元，而且还是短薪。

帕特·莱利不可能不喜爱韦德和詹姆斯，在2009年那场火星撞地球的大战之后，他就曾对两位球员赞不绝口：“这就像拉里伯德在对决‘魔术师’约翰逊，这场比赛将在历史上留下精彩绝伦的一笔，德怀恩·韦德和勒布朗·詹姆斯将成为一辈子的对手。”

莱利说得没错，作为“03白金一代”中最强大的两位翘楚，詹姆斯和韦德绝对是双峰并峙，没有胜负高低。在 2010 年夏天，莱利完成了他一生中最伟大的球队运作，他让詹姆斯、韦德、波什三大巨星走到了一起，他们也在后来的岁月中创造了两连冠的辉煌成就。但在 2014 年夏天，勒布朗·詹姆斯因为家乡克利夫兰的承诺而回头。波什和韦德继续留队，原本热火在进行针对性补强之后还是会有着相当强的竞争力的，但莱利用自己过分的精明和商人的趋利性进一步摧毁了这支球队。

他居然因为不肯付出一份三年保障合同而放走迈阿密热火 13 年的队魂，放走他口中的“矮 5 厘米的乔丹”和“迈阿密的王”。这些年，德怀恩·韦德牺牲了太多，他为了太多人去改变，从来不计较自己的利害得失。如果上天赐他一个健康的膝盖，如果大学时期没有摘掉半月板，如果迈阿密的老板和管理层多点尊重和理解，他很可能比现在走得更远。

2016 年夏天，精明过分的“神算子”却自始至终都没有拿出一份有诚意的合同，韦德等不了了，詹姆斯走了，波什患病迟迟不能归来，迈阿密虽好，但终究不是自己的家。2016 年 7 月 7 日，韦德已经与芝加哥公牛队达成协议，双方签下一份为期 2 年的合同，其中第二年的合同为球员选项。

在韦德发布的告别视频中，“闪电侠”说道：“13 年来我一直为热火展现并践行着忠诚这一词，我曾说过，未来会有人继续我在热火的道路，但是不会再出现同我一样的人，我就是我，是别人无法替代的，很庆幸芝加哥公牛迎来一位优秀的球员，迈阿密再也不会有下一个韦德了。”看着视频中自己的发言，韦德显得十分忧伤，显然对于他，在热火的 13 年是无比珍贵的一段回忆。此次告别宴，韦德身边有波什等老队友，人们纷纷举杯为韦德践行。

作为一个 13 年不离不弃的老球员，一个三冠得主，韦德其实并不想离开热火，但韦德希望能够得到一份 3 年的保障合同，在与热火的会面过程中，热火队始终不愿做出让步。所以尽管后来热火给韦德的报价数目与公牛的相差不多，但韦德最终毅然决然地离开热火，并回到家乡。

韦德不欠热火什么。13 年的光阴，他把一个球员大把的青春，一个球员最辉煌的职业生涯全部留给了这座城市，他给这支球队带来了三个冠军，没有他，就没有迈阿密热火在 21 世纪的所有辉煌荣耀。韦德的第一愿望就是在热火结束职业生涯，然而这一切并不能如愿以偿，他只能回到家乡“风城”，回到篮球梦开始的地方。

不但如此，莱利对波什的态度也非常缺乏人情味，2016 年赛季初期，正当波什在努力训练准备复出的时候，莱利却在没有通知波什的情况下，公开宣布波什未能通过体检，直接宣布波什职业生涯报销，如此不通情理的作风，实在是令人齿冷。

迈阿密热火没有波什，没有韦德，没有 2014 年之前的豪华冠军阵容，他们伤兵满营，青黄不接，让人看不到希望，这就是功利主义占据上风的后遗症。球队的灵魂不能交给一位纯粹的实用主义者和商人，杀鸡取卵、涸泽而渔是没有前途的，生活不只有利益。

02

燃魂永不熄

DWYANE WADE

虽然没有追风逐电的速度，但只要韦德站到赛场，总会让对手领略到不寒而栗的杀气，韦德的强大更多源于本能，源于那颗睥睨群雄的王者之心。他不快，但够稳！关键时刻依然是最有把握划破对手坚甲的那柄利刃！虽然离开热火，但韦德依旧拥有一颗燃烧爆裂的雄心，在“风城”——他的故乡，乔丹六冠封神之地，“闪电侠”将再度出击……

我们记忆中的韦德到底是什么样子？是那个在三分线外慵懒地运着球，忽然一个大幅斜肩拉球，闪电般杀进内线，在七尺大汉头上暴扣的韦德？还是那个防守端在内线晃晃悠悠散着步，眼瞅着对方杀进来双手暴扣，他一个旱地拔葱跳起来，凌空单手把对手硬生生摁下去的韦德？还是那个绝杀后一脸骄傲，冲上技术台大叫“这是我的地盘”的韦德？

这都是韦德，但迈阿密不再是他的地盘了，在年华老去的时候，再也做不到那些疯狂的事情的时候，他回到了自己的家乡——芝加哥。

“风城”的孩子回到“风城”，不知道韦德是否还记得当年和姐姐一起穿过的那些大街小巷，是否还记得外婆守护的那座小楼，是否还记得父亲后院里“最残酷”的篮球场。

这里有他童年的风声，有他童年的雨季，有他生命中最重要的风景和人。

每个人都有乡土情结，因为那不只是一个地方，更是梦开始的地方。

韦德做出回家乡芝加哥打球的决定，让他的家人兴奋不已。韦德的姐姐特拉吉尔更是夸张地表示，她在晕倒了五次之后，终于忍不住哭了。

韦德说：“这可能会让我有不同的感受，因为在我的成长履历中，我一直是公牛球迷。所以当我披上公牛的战袍时，我就想每天都穿着它，我只是想习惯这种感觉。我也是一个怀揣着梦想的人，我的梦想之一就是能够为家乡球队效力，而现在恰恰是一个正确的时候。”

韦德是在芝加哥出生的，他的家人和朋友都住在芝加哥南区，他也是在这里长大的。所以韦德如今重返“风城”，也算是“叶落归根”了。韦德的家人和朋友们已经迫不及待地想看到韦德穿着公牛队的球衣了。

据报道，对于韦德回到芝加哥，他的母亲乔琳达感到有些措手不及，甚至不知道这笔交易的发生。她说：“在离开芝加哥那么久之后，他终于回来了，这就是我们吃惊的原因 。”

而韦德的高中体育老师肯·斯泰勒则回忆了韦德在高中时的点点滴滴。“他是那么的优秀，他做事情非常有效率，而且总是能把事情做得很好。”斯泰勒说，“这座城市将会为他的回归而激动。”至于韦德高中时的棒球队友莱斯特·迈克丹尼尔斯，已经在幻想韦德穿上公牛队的球衣了。

“我从没有忘记我来自哪里。”韦德在自己的声明中这样写道。韦德在芝加哥长大，他是公牛球迷，偶像是迈克尔·乔丹。少年时代的他梦想着穿上公牛战袍征战 NBA 比赛，只是他一次次地与公牛失之交臂。

2003 年参加 NBA 选秀，韦德参加过公牛的试训，他希望能够追随偶像乔丹的脚步效力公牛。但是当年的公牛只有第七顺位选秀权，而韦德在第五顺位被热火选走。公牛当年曾经试图向上交易选秀权，但没有成功，最后在第七顺位选了辛里奇。

过去 13 年，韦德有无数次和公牛扯上绯闻。其中 2010 年，韦德非常接近加盟公牛。那年夏天，韦德和波什都去拜访了公牛，公牛给了韦德一件 3 号球衣，让后者非常激动：“他们送给了我一件 3 号球衣，我的意思是那一天我都彻底内心凌乱了。我回到家里，把球衣穿上，我的意思是我又变成了一个孩子。”

为了这趟回家之旅，韦德做足了准备，他非常努力地训练，非常谨慎地对待自己的身体，他加强了三分投篮的训练，并且和公牛的年轻巨星吉米·巴特勒相处融洽，协调了场上的进攻分配，经历过“三巨头”之后，这一切对他来说本应是得心应手。

然而，似乎公牛也有难念的经，账面上，公牛拥有一套不错的阵容，后场有朗多和韦德，三号位有吉米·巴特勒，内线有吉布森、罗宾·洛佩兹、米罗蒂奇、波蒂斯等风格不同的球员，他们的前景看上去比重建的热火更好。然而管理层的操作和教练组的问题，一直让这些充满天赋的球员找不到自己的定位，以至于赛季中还发生了不少球员间的冲突流言，在朗多和巴特勒身边，韦德常规赛共出战 59 场比赛，场均上场 30 分钟，得到 18.5 分 4.5 个篮板 3.8 次助攻，投篮命中率为 43.4%。

2016 年 12 月 6 日，公牛在主场以 110 比 112 不敌开拓者，德怀恩·韦德全场比赛打了 36 分钟，23 投 11 中，拿到了 34 分 4 个篮板 4 次助攻 1 次抢断 2 个盖帽。这样一

OFFICIAL
First Alert
First Alert
BULLS
3

来，韦德职业生涯在常规赛已经拿到了5000次助攻，成为NBA历史上第14位得分超过20000分（20577分）、助攻超过5000次的球员。另外，韦德也成为1983/1984赛季后第8位得分过20000分、助攻过5000次和篮板过4000个（4203个）的球员。

芝加哥公牛在一个赛季的磨合中磕磕绊绊地以东部第8的战绩杀入了季后赛，他们对阵的是小托马斯领衔的凯尔特人，这个系列赛的开局是令人激动人心的，公牛先声夺人，2比0领先于传统豪强“绿衫军”。

2017年季后赛第一场，公牛客场以106比102击败凯尔特人，韦德出场34分钟，12投4中得到11分5个篮板6次助攻2次抢断2个封盖。由此，韦德季后赛生涯助攻总数达到了834次，超过了比卢普斯的831次，升至历史第20位。韦德季后赛生涯进球总数达到1388球，追平埃尔金·贝勒，升至历史第14位。加上这2次封盖，韦德季后赛生涯封盖总数达到168次，超过杰梅因·奥尼尔的167次，升至历史第25位。

第二场季后赛，公牛客场111比97战胜凯尔特人，德怀恩·韦德出场32分钟，16投9中，三分球4投3中，得到22分4个篮板2次助攻，帮助公牛取得胜利。而巴特勒交出很全面的22分8个篮板8次助攻，让杰·克劳德和埃弗里·布拉德利二人的防守无功而返。然而凯尔特人连扳三场，将大比分改写为3比2，韦德在第五战中拿下26分11个篮板，这是韦德季后赛生涯第8次得到至少25分10个篮板的数据。

岁月催人老，无论大英雄如何不服老，不肯低头，终究挡不住大江滚滚东去，韦德在这一战过后，再也无力为公牛提供更多的火力了。最后一场比赛，公牛主场以83比105负于凯尔特人，韦德出场19分钟，10投1中，得到2分3个篮板3次助攻。在这一刻，我们终于感觉到“闪电侠”老了，真的有英雄迟暮的感觉了。重伤初愈，火线上阵，虽然最后一战韦德不再锋锐，但回溯2017年季后赛，那个“闪电侠”依旧闪耀！他场均17分5.4个篮板4.2次助攻，在“天王山之战”，韦德宝刀不老砍下26分11个篮板8次助攻，这个已经35岁的老将，依旧能释放炽热的能量。

当公牛失去了朗多，他们在胜负的天平上，就失去了与凯尔特人较劲的砝码，因此在2比0的领先下被“绿衫军”逆转也是必然。但韦德依旧倾尽全力，打出高质量的比赛，其表现足以令人尊敬。

越是伟大的球员，越在季后赛中表现升华，韦德在去年季后赛中诠释了什么才是伟大，如今他亦如从前，搏命灌篮，艰难突破、连中三分……倾其所有的他在家乡父老面前捍卫了尊严，而这就是这个伟大男人的本色，低调而强大，内敛而热血，骄傲而伟大。

这不算是一个成功的赛季，磨合无比艰难，常规赛磕磕绊绊，流言四起，季后赛开始的时候气势如虹，但在朗多受伤之后，局势就急转直下，他们最终还是只收获了一个平庸的赛季。无论如何，韦德对家乡球队，对他的队友还是充满信任和希望。

同时韦德还表达了对购买他球衣的球迷们的感谢，他在上赛季的球衣销售排行榜中排名第 15 位。“一个老家伙能排第 15 位，得感谢所有球迷一直购买我的 3 号球衣。”韦德如是说。

在 2016/2017 赛季结束后，公牛篮球运营副总裁帕克森评价韦德：“德怀恩在过去一年的表现很伟大，不过他现在处于比较复杂的情况之中，我们现在的一切运营操作，都是设想他在新赛季留在队里的。”

然而这并不是承诺，公牛的管理层思维让人摸不着头脑，他们让韦德执行球员选项，却又在转眼之间把球队核心之一吉米・巴特勒送去森林狼，与此同时，买断韦德、完成球队重建的流言一直在传播，人们花了两个月时间去猜测韦德的去向，包括詹姆斯、波波维奇，甚至帕特・莱利都在诉说韦德的伟大，试图招揽这位曾经联盟前三的超级巨星。

人们都在为韦德惋惜，甚至觉得他一腔热血回到家乡芝加哥，然而芝加哥公牛却未必把他当作家人，这一年的时光，一年的情怀，或许遭到了浪费。然而德怀恩・韦德却淡然处之，绝口不谈自己的想法和选择。倒是和妻子尤尼恩秀起了恩爱，他说：“我和你在一起，才是这一生最伟大的决定！”

关于回到家乡芝加哥打球，韦德表示一点都不后悔，他说：“每一段故事都流淌在你的生命里。之前的迈阿密已是流水落花，包括更衣室或者球场的一切。我说过从我来这里的第一天起这里让我兴奋，在这里比赛让我兴奋。以为我很想离开我的球队，是这样吗？别傻了。在联盟，即使最好的球队也会有人很想离去。只要我们输掉比赛，这种想走人的新闻便会发生，哥在迈阿密就见识过，以前就那样。”

“输球从来不是趣事，不管你身在何处，没人例外。你可以沐浴在阳光里，你可以身处在阴霾中，在主场输球从来不会有趣。基于此，我也不能免俗。但是我一直享受这段旅程，享受这个过程，就像我说的，这是另一个篇章。”

“我不会为夏天的决定有所动摇。自从我来到这里，我喜欢这里。我一直很快乐。”

03

詹韦再聚首

DWYANE WADE

14 年倥偬光阴，如白驹过隙般悄然流过，35 岁的韦德，迎来了或许是他职业生涯最后的抉择。2017 年 9 月 25 日，韦德达成了与公牛的买断协议，他终于从芝加哥的纷纷扰扰中解脱了。作为自由市场最后一条“大鱼”，韦德的去向成了街头巷尾热议的话题。热火、雷霆、骑士、马刺纷纷抛出了自己的橄榄枝。但是选择众多，却更需要韦德慎之又慎。先说热火，这位昔日旧主在韦德争夺战中开出了 420 万美元的报价（四队中最高），当家球星怀特塞德更是在社交媒体上大肆招揽，可谓诚意十足。但追本溯源，韦德而今的窘境正是拜热火所赐，如果不是热火的低价羞辱，韦德也不会远走芝加哥。这个令他曾心灰意懒的地方，显然不是他的第一选择，更何况相对于其他三队，热火几乎没有夺冠希望。

好友安东尼加盟雷霆后，俄克拉荷马城也加入了韦德的备选名单。但是坐拥“三巨头”的雷霆已经不需要更多持球点了，他们需要年轻的罗伯森作为外线大闸出任首发，而替补的角色显然不是韦德能够轻易接受的。

如果单就打球而言，马刺或许是韦德的最好选择，团队气氛浓厚的圣安东尼奥，总能让老将发挥最大的余热，选择圣安东尼奥，韦德或许会拥有更加长久且顺利的职业生涯。但这些真的是韦德想要的吗？“闪电侠”生来就该点燃苍穹，需要一个贴合自己气质的地方。

当一切尘埃落定，韦德终于做出了自己的选择——

骑士！骑士！骑士！

2017 年 9 月 27 日，韦德与克利夫兰达成了 1 年 230 万美元的合同协议。的确，骑士对韦德来说有着太多的吸引力，尤其是他和詹姆斯的莫逆之交。那一次次的“詹韦连线”，更是无数人心驰神往的风景。

值得一提的是，来到克利夫兰的韦德，没有继续身披 3 号球衣（3 号已被小托马斯选择），而是选择了他在国家队的 9 号战袍，他的偶像乔丹也曾用该号码征战国家队。韦德身披 9 号球衣的时光虽然短暂，但却无比辉煌，那时他在北京奥运会上荣膺美国“梦八队”的得分王，也是他最巅峰的时刻。选择该号码的韦德，想来也对那段时光有着无比的怀念。

而今的“闪电侠”，能否点燃克利夫兰的夜空，我们无从得知，因为他老了，他将所有的青春，毫无保留地献给了篮球。我们只能由衷祝福韦德，祝福他能为自己的职业生涯画上完美的句点。历史会记得，那球场上驰骋的“闪电”，是只属于他的风姿。

人生有时候短得就像一串转瞬即逝的闪电，它的亮光惊心动魄，令人怀念，但它终究只是一瞬间的传奇和耀眼。球员的职业生涯更是如此，巅峰不过是节日的烟火、刹那芳华的昙花，留得住赫赫声威，却留不住那一时照彻天地的闪电。

德怀恩·韦德离他的巅峰已经很远了，大学时便摘去了半月板的膝盖更加伤痕累累，使得他不再像从前那样来去如风、突击如电。他失去了赖以成名的速度和爆发力，以至于在总决赛中的每一步都是那么艰难，他不再是那个风驰电掣的“闪电侠”，也不再能够随心所欲使出“迷踪步”。

但我们依旧无比信任韦德，像他那样的巨星，不仅有能力，更有天神一般的意志，就像 2006 年那次狂野逆袭。这赛季又一次，他横刀立马，独自对抗全世界。

有一种人，生来就是虎魄龙形、万众敬仰，被奉之为领袖英雄。有一种人生，历经过便是轰轰烈烈、荡气回肠，被叹之为燃烧岁月。我心似火，但不露锋芒！三冠王，“03 白金一代”最早带上总冠军戒指，年少成名的他早已无须自证，但，他还是暗藏雄心，极力拼搏，因为对于他而言，只要在场上，便需要韦德燃烧自己，来照亮前程。

在韦德的生命中，曾与两座城市相交织，迈阿密热火是他的宿命，“风城”芝加哥是他的旅程……一路走来，这位三冠王如烈焰图腾般绚烂夺目，也如天风破空般疾速驰行。更多的时候，他就是划破苍穹的那道闪电……

烈焰天风

Dwyane Wade

德怀恩·韦德列传

23
SPALDING
NBA

与韦同行

对手与亲友

德怀恩·韦德别传

韦德十大对手
DWYANE WADE

01 韦德 VS 科比
DWYANE WADE VS KOBE BRYANT

在乔丹归隐后，只有两个名字被反复提及：科比和韦德，他们风格迥异但又各具异彩，而他们每一战都堪称得分后卫版巅峰对决。

闪电般的切入、雷神般的飞扣、斗志、冲击力、侵略性的防守、低位不可思议的轰炸能力、突破分球。莱利在球队斩获2006年总冠军后曾说韦德就是“矮了5厘米的乔丹”，而在此之前，科比一直被誉为最有飞人范儿的接班人。两人都在逆境中以一己之力托起球队，韦德MVP级别的2008/2009赛季承担了球队44.2%的得分和助攻，列历史第七；科比则留下三节62分，单场81分，连续4场50+等一系列令人瞠目的得分纪录。在“鲨鱼”离去之后，两人都经历了一段独自带队的黑暗岁月，也因为对母队的忠诚成为最受爱戴的城市英雄，之后合称“东邪西毒”各占山头成为联盟不分伯仲的最强得分后卫。

继乔丹之后，联盟中的最强得分后卫之席没有别人，多年来一直被“小飞侠”盘踞，但随着“03白金一代”中的代表人物之一韦德的日渐成熟，这一位置上不再是科比一人独大。

科比在2016年选择退役，韦德也已35岁，早已不复当年之勇，两大顶级分卫之战，已经拉下帷幕。总览两位的生涯，科比的外围投篮强于韦德，但总体命中率韦德却高于科比。防守方面，科比曾经9次入选最佳防守阵容一队，但数据上，韦德职业生涯场均可以奉献1.6次抢断和0.9次封盖，科比为1.4次抢断0.5次封盖，孰优孰劣难下定论。

02 韦德 VS 詹姆斯
DWYANE WADE VS LEBRON JAMES

毋庸置疑，“03白金一代”初进联盟，詹姆斯和安东尼抢走了大部分星光，韦德对此耿耿于怀，直到2006年夺冠，他还穿着那件印有“还有人怀疑我吗”字样的T恤。

事实上韦德是“03白金一代”中最快取得成功的一位，他是“03白金一代”第一个戴上戒指的幸运儿。作为同届的假想敌，率先起跑的韦德始终是詹姆斯前进的动力。

两人从未在季后赛碰面，但常规赛的对决同样精彩，29场对决，韦德场均贡献26.2分、5个篮板和5.9次助攻，与詹姆斯相比不遑多让。2006年4月1日，骑士主场迎战热火，两人同时拿到40+，詹姆斯贡献47分、12个篮板和9次助攻，韦德也砍下44分、8个篮板和9次助攻。韦德说，“他大概是我遭遇过最好的对手，我非常享受，我想他也一样。”詹姆斯如此回应：“有时候他非常惊人，像闪电一样，足以统治比赛。我们热爱彼此之间的竞争。”

2010年的夏天，两名旷古烁今的超级巨星，走到了一起，化敌为友。詹姆斯和韦德携手为热火带来两个冠军。2014年夏，王朝创建失败，詹姆斯重返克利夫兰，与欧文、乐福组成“骑士三巨头”，留下韦德在热火茕茕孑立的背影。那年的圣诞节大战，因两人的再度交手而备受瞩目，那是詹姆斯离去后第一次回到迈阿密，全场比赛韦德拿到全场最高的31分，带领着热火赢得了胜利。在这之后的几次交锋中，韦德仍旧以4比2的成绩略胜于詹姆斯。

时过境迁，沧海桑田，詹姆斯仍旧睥睨东部，继续走着争冠之路，韦德却在这三年里经历了很多离别与辗转。本想终老迈阿密的韦德，在2016年心灰意懒地离开了热火，远赴芝加哥，2017年夏天又被公牛买断，最终低薪签约骑士，再次联手“詹皇”。

03
韦德VS诺维茨基
DWYANE WADE VS DIRK NOWITZKI

自古以来，成王败寇，历史只会铭记成功的一方，却很少为失败者颂歌。韦德的最高荣誉建立在诺维茨基的痛苦之上，反之亦然，你的巅峰就是我的低谷，你的成功就是我的失败。

韦德是2006年总决赛的胜者，他带领当年的热火笑到了最后，而诺维茨基和他的队友只能黯然神伤。在NBA，汤姆贾诺维奇曾说过一句非常著名的话："不要低估一颗总冠军的心。"但现在看来，同样也不能低估一颗复仇者的心。

"毫无疑问，诺维茨基从当年的失败中得到了动力，我一直很关注他的比赛，他从来都不会为胜利而沾沾自喜，他总是最早离开更衣室，他非常专注。我还记得2006年当我们获得东部冠军时的情景，那时我们并没有庆祝，我们不会想当然，我们不会在更衣室里开香槟庆祝。"

从韦德的话中不难看出，他一直很在意诺维茨基，他从来没小看过这个劲敌，直等着有一天"诺天王"来找自己复仇。

于是，五年后他们戏剧性地再次相逢。

2011年总决赛的最后一战，"诺天王"末节独得10分再现杀手风范，让热火彻底绝望，最终小牛客场以105比95扑灭热火，以4比2的总比分取胜，捧起球队历史上第一座总冠军奖杯。

以前莱利说韦德是"矮了5厘米的乔丹"，也有人说诺维茨基是"高了7厘米的伯德"。"闪电侠"与"德国战车"的宿命对决，成为联盟的一段佳话。

04
韦德VS罗斯
DWYANE WADE VS DERRICK ROSE

同样来自"风城"，同样身披火红色战袍，同样出色的爆发力，同样强烈的攻击欲望。"当我看到罗斯打球时，就让我想起韦德的新秀赛季。"莱利说。韦德也对罗斯赞不绝口："他犹如联盟的一股飓风，让所有人都为之侧目。他有点像当初我进联盟的时候。"

2011年1月16日，当韦德踏上联合中心的地板时，他成为这里的"全民公敌"。嘘声、嘘声，还是嘘声，由于詹姆斯作壁上观，公牛球迷唯有将最响亮的嘘声送给韦德——那个在2010年夏天拒绝过芝加哥的男人。

比赛最后三分钟，韦德和罗斯上演了真正的对决。这看起来就像是孪生兄弟两人在各自为战。韦德在终场前1分33秒扔进一记弧顶三分，热火以90比92仅落后两分，紧接着罗斯跳投骗得查尔默斯犯规，打成"2+1"，回敬"闪电侠"。两人间的"单挑"就此拉开帷幕，球迷献给罗斯的欢呼声越发高涨，而送给韦德的嘘声则化作阵阵赞叹。

韦德愈战愈勇，终场前1分07秒面对身高臂长的鲁尔·邓，命中一记高难度的后仰三分！93比95，分差再次回到两分。

更令人惊叹的还在后面，查尔莫斯抓住机会断掉了罗斯的横传球，球由豪斯交到韦德的手里，韦德面对C.J.沃特森的防守想要造三分犯规，虽然没成功，但在下落时韦德还是将球强行扔进篮筐！96比95，热火奇迹般地反超了比分，时间还剩下37.2秒。

罗斯此后跳投不中，布泽尔随后补篮未果，但科沃尔在终场前25.5秒三分命中，公牛以98比96再度超出，并将优势保持到了终场，韦德错失了最后三分绝杀的机会，最终公牛以99比96战胜热火。

韦德砍下33分6个篮板5个盖帽，罗斯得到34分8次助攻，以近乎完美的方式在他们的家乡芝加哥上演了一场终级对决。

虽然2010/2011赛季热火输掉所有与公牛的常规赛，但在东部决赛的赛场上，“热火三巨头”爆发出了前所未有的巨大能量，最终在先失一场的情况下连胜四局，成功淘汰了公牛，挺进总决赛。

2011年1月16日比赛后，韦德和罗斯相拥示意，或许在那一刻，注定两人命运相织。2016年，韦德回到家乡芝加哥，罗斯去了尼克斯。2017年夏天，两位“风之子”聚首克利夫兰，联手“詹皇”，走上争冠之路,期待他们的表现。

05 韦德VS麦迪
DWYANE WADE VS TRACY MCGRADY

一般人可能无法体会，球员带伤坚持比赛是多么痛苦。一个拖着受伤的膝盖打比赛，一个带着需要手术的肩膀苦苦支撑，麦迪和韦德这两个同样伤不起的男人，却有着截然不同的传奇经历。

有人能理解麦迪的肉体和内心痛苦，有人不能，对于热火当家后卫韦德来说，他更明白麦迪所经历的一切，因为2007年他也曾经历过相似的情况，最后他在3月放弃整个赛季。

在2007年2月22日，NBA常规赛火箭坐镇主场迎战热火的比赛中，在失去姚明的情况下麦迪独自带领球队作战。是役双方主将不约而同地上演了惊魂一幕：开场不久麦迪疑似腿部受伤，步履蹒跚地向更衣室走去，但很快就回到球场上。韦德则是在第四节左肩膀脱臼，受伤离场便再没有回来。不过，当时韦德已经砍下27分3个篮板9次助攻。奥尼尔也大发神威，全场取得20分以及16个篮板的大号两双。可即便如此，他们仍未能战胜火箭，因为麦迪砍下32分8次助攻。

为了帮助他的球队在季后赛前进，韦德把伤病放在一边，但最终还是输在了第一轮。在2007年季后赛失败之后，这次受伤让他不得不接受手术。同韦德一样，麦迪也接受了肩膀和膝盖手术，然后进入遥遥无期的恢复阶段。

在麦迪因伤病困扰，表现低迷而饱受质疑时，曾经同病相怜的韦德第一个站出来力挺麦迪："健康的麦迪是联盟最有天赋的球员之一，这是毫无疑问的。"

06 韦德 VS 安东尼 DWYANE WADE VS ANTHONY

2002/2003赛季，见证了两位绝世杀手的横空出世，来自锡拉丘兹大学的大一新生卡梅隆·安东尼横扫全美，声名鹊起；另一名出自马奎特大学的大三后卫德怀恩·韦德则名震联盟，速度天下无双。

2003年，韦德与安东尼第一次并肩而立站在荣誉殿堂上。两位旷世奇才没能在大学赛场上演梦幻对决，只能寄望于在NBA赛场上续写神奇。

安东尼天性率真，为人随和，在联盟里好友遍布；韦德个性爽朗，坦率耿直，也是出名的好好先生。赛场上两人不乏经典对决！2010年全明星赛，韦德与安东尼巅峰对决。在达拉斯美航中心，韦德率领东部明星队以141比139击败安东尼领衔的西部明星队。安东尼全场22投13中，砍下27分10个篮板，但在最后时刻他投丢了绝杀三分，而韦德16投12中，砍下28分6个篮板11次助攻，生生从"甜瓜"的手中抢走了MVP奖杯。

同为"03白金一代"的青年俊杰，韦德的人生比他们更为曲折离奇，跌宕起伏，

仿佛一幕波澜壮阔、悲喜交加的大电影。从少年成名到天下震惊，从繁华落尽后的失落到长达数年的苦苦煎熬，从勇猛无畏的少年到伤病缠身的老兵，从失落中等来了"兄弟篮球"，从挫折中守候到了伟大的复兴，再从相知相守到分道扬镳。

初入联盟时，韦德名气在詹姆斯、安东尼之下，他靠着勇猛和无畏杀出了一条血路。韦德和他们的脾气不同，他有着科比一般的偏执和好斗，不达目的誓不罢休。

07 韦德 VS 艾弗森 DWYANE WADE VS ALLEN IVERSON

"在大学时，我就憧憬和艾弗森一对一的机会，我一直都想战胜他，他确实太出色了。"韦德这样说。

"德怀恩速度很快，拥有很强的攻击力。热火能拥有他是幸运的，他的未来将是一片光明。"艾弗森这样说。

那时，韦德还是一个骄傲的天之骄子，年轻力壮拥有无限的活力，心比天高目空一切，但技术尚未完全成型，心智也不够成熟。那是一个火红的热血年代，在奥尼尔身边他享受着青涩少年最幸福的庇护，没有烦恼，只有前程似锦。

那时，球迷依然还为一个名字而疯狂，为一个"答案"而忠贞不渝，艾弗森站在联盟的顶端睥睨群雄。他总是那么的孤傲，那么让人陶醉，在一个孤独的年代，没有大牌球星的鼎力相助，没有天才球员的众星捧月，艾弗森凭借一己之力撑起了整个76人，乱世枭雄，唯我独尊！

韦德与艾弗森，年龄相差七载，并不同属一个年代，但"3号"却成为他们永恒的交集，曾经的3号球衣仿佛是一件被赋予了魔法的外套。

遥想2005年和2006年的NBA全明星赛，东部明星阵营中有两个“3号”，身高相差10厘米，速度却等量齐观。东部两个精灵般的后卫联手撑起了后场，韦德迅猛，艾弗森灵动，如激光一般撕开对手的防线，直刺敌军心脏。

在韦德与艾弗森七年的对决历程中，2005年4月15日在费城76人主场的那次对决尤为经典！彼时的热火势头正劲，高居东部第一，76人在艾弗森的带领下举步维艰排名东部第八，加上本场比赛奥尼尔复出，所以这场较量格外引人注目！韦德和艾弗森成为该场比赛的最大亮点。

最后时刻韦德连拿四分，艾弗森罚球稳健，比赛被带入加时赛。加时赛中76人队气势如虹，在艾弗森的带领下，伊戈达拉和科沃尔相继得分，韦德和达蒙·琼斯苦苦追赶，但最终无力回天。

本场比赛韦德砍下个人职业生涯最高的48分并贡献10个篮板6次助攻，闪耀全场！艾弗森不遑多让，38分6个篮板16次助攻率领球队以126比119拿下胜利！两个“3号”你来我往，交相辉映，让此次交锋成为史上最经典的“3号”对决！

08 韦德VS雷·阿伦 DWYANE WADE VS RAY ALLEN

他们都拥有冷酷的眼神，以及坚毅无比的大心脏。但一个喜欢冲锋在前，杀入敌阵，享受与敌人碰撞的快感，运球、晃动、突破、跃起、灌篮，闪转腾挪，予取予求；另一个偏爱游走外线，突放冷箭，寻找那转瞬即逝的空隙，接球、起跳、出手、命中，不以物喜，不以己悲。

当人们以为雷吉·米勒之后联盟中再无神射手时，雷·阿伦的出现恰好延续了王牌射手的香火；当人们认为纯投手无法成为球队领袖的时候，“君子雷”和他另外两个兄弟以“三巨头”的身份登上荣耀之巅。

2009年3月10日，热火客场挑战公牛，韦德上演连环双杀，以130比127险胜对手，抢走芝加哥人即将到手的胜利。20年前，芝加哥人见证了“飞人”神话的诞生，彼时彼刻竟被眼前这个男人颠覆。

2011年2月11日，凯尔特人主场迎战湖人，首节还有1分48秒，随着一记看上去再普通不过的三分命中，阿伦投入职业生涯第2561个三分球，超越米勒成为NBA投中三分总数第一人！

韦德和阿伦是否又勾起了乔丹与米勒之间那段永不衰老的恩怨传奇？当尘封的记忆再次被唤醒，亲眼看见“闪电侠”与“君子雷”上演激情对决，那一刻，恍如隔世。

09 韦德VS比卢普斯 DWYANE WADE VS CHAUNCEY BILLUPS

他风驰电掣，速度惊人，凌波微步，踏雪无痕；他沉稳冷峻，慢条斯文，辕门射戟，百步穿杨。韦德喜欢用速度说话，暴力刚猛的球风，一对一单挑；比卢普斯低调内敛，球风质朴，忠于团队，忠于体系，三分远射冷血致命。

1997年从科罗拉多雪域高原走出的比卢普斯是名副其实的学院派球员。辗转凯尔特人、猛龙、掘金和森林狼队后，终于在"汽车城"底特律找到了自己的归属，在拉里布朗的战术体系中，比卢普斯是进攻的发起者，他也因此成为活塞队的舵手。2004年活塞震惊世界，击败湖人夺冠，比卢普斯更是成为史上著名的草根MVP。

和20世纪90年代初的那支"坏孩子军团"一样，21世纪鼎盛时期的活塞始终是巨星们通往联盟之巅的拦路虎、绊脚石，而那支"蓝领"活塞的领军人物正是比卢普斯。他们曾终结湖人的"四大天王"神话，也把"小皇帝"的冠军之路封锁了三年之久，更以总比分4比3将韦德2005年的季后赛之旅禁锢在东区决赛，韦德不得不因肋骨断裂而饮恨败北。

如果说活塞的大脑冷酷似冰，那么热火的领袖则是激情似火！在韦德的职业生涯中，与比卢普斯的两次季后赛狭路相逢，是韦德登上巅峰的关键之战！

值得一提的是2006年5月28日，NBA东部决赛的第三场，韦德35分力压比卢普斯31分，这是韦德与比卢普斯职业生涯最为精彩的一场对决，这场比赛对整个系列赛有着十分重要的战略意义，热火凭借这场胜利奠定了2比1的领先优势，为最终晋级总决赛做好了铺垫。

韦德本场17投13中，砍下35分8个篮板4次助攻；而比卢普斯17投11中，三分球5投4中，贡献31分。自此，铁军活塞再也无法阻止韦德前进的脚步，热火以4比2的总比分淘汰了对手，带领热火首次晋级总决赛。不过也正是经过这一轮残酷的洗礼，才使得韦德在总决赛的赛场上对阵小牛再演神奇，书写了"闪电侠"的逆转神话！

10 韦德VS卡特
DWYANE WADE VS VINCE CARTER

作为史上最强扣篮高手，卡特在2000年扣篮大赛上，用四记惊世憾俗的绝世扣篮将NBA带回梦境，让人们又一次见证了飞翔的奇迹！从此，卡特成为扣篮的代名词，"UFO"的名号也随之传遍世界，深深地影响了一代人。

在卡特肆意飞翔的年代，韦德还只是一名大学球员，那时他的球风略显单调，除了拥有闪电般的速度和极强的突破冲击力外，几乎一无所有。但他依然凭借这些优势进入NBA，并用闪电般的切入和劲爆的扣篮让人耳目一新。

卡特彼时已经收敛了锋芒，扣篮已经不再是他拿来炫耀的招牌。韦德的弹跳和弹速同样出色，他的扣篮虽然没有卡特那样石破天惊的想象力和创造力，但刚猛无比的"闪电侠"还是会用实际行动，来证明自己并不逊于任何超级扣将。

在韦德的扣篮武器库里，战斧式劈扣最具代表性，你经常可以看到韦德从后场运球到前场后，用一个闪电般变向切入内线，随即拔地而起单手狠狠地将球砸入篮筐，整个过程电光火石，令人心潮澎湃！

2005年和2006年，热火与篮网连续两年在季后赛相遇，虽然篮网整体实力不及热火，分别以4比0和4比1被淘汰出局，但两名"飞人"之间的较量却精彩纷呈。而离开篮网之后，卡特在魔术队也多次在常规赛中大战韦德，他和韦德的"飞翔大战"已经成为尘封的记忆！

2007/2008赛季的热火已经江河日下，整支球队无法和当年相提并论，篮网的"三叉戟"也已经快到了分道扬镳的街口。2007年12月21日，热火客场挑战篮网，这是曾经两支东部豪强间的末路对决，经过加时苦战，老迈的热火不敌一样身心俱疲的篮网，以107比103负于对手。而两队的领袖韦德和卡特却奉献了精彩的对攻，成为那场比赛唯一的主角。全场比赛卡特砍下31分8个篮板6次助攻，而韦德则拿到41分4个篮板6次助攻。如今沦为"地面部队"的卡特已不复当年之勇，那场比赛几乎成为"半人半神"对"闪电侠"的巅峰绝唱。

韦德十二大亲友
DWYANE WADE

01
韦德&詹姆斯
DWYANE WADE & LEBRON JAMES

谈及詹姆斯，韦德的心里五味杂陈，“小皇帝”曾经是他羡慕嫉妒的对象，2004 年新秀赛，所有人的目光都放在詹姆斯和安东尼身上，他因此感到受伤，并在赛季后半段带着愤怒打球：“我就像第三个轮子，别人会说，‘德文，你靠边让一让，我要给安东尼和詹姆斯拍照’。我觉得自己被忽视了，我得做些什么才能享受到那两个家伙的待遇。”很少有人知道，韦德在 2006 年夺冠后还在较劲，穿着那件印着“还有人怀疑我吗”的 T 恤。

常年的对抗和争斗最终让英雄惺惺相惜，2010 年媒体讥讽詹姆斯是懦夫，韦德站出来辩护：“他不是一个轻言放弃的家伙，他从没有放弃比赛。”造化弄人，莱利的点金胜手让韦德和詹姆斯相聚迈阿密，成为队友，共同走上争冠之路。

最终四年两冠的战绩，未能达成王朝，詹姆斯选择遵守承诺，回乡打球。韦德还是留在了迈阿密，虽然身隔两地，但兄弟之间，心连着心。2016 年韦德没能续约热火，回到家乡芝加哥。2017 年又遭遇买断，与骑士完成签约，“詹韦连线”将再次重现世间。

02
韦德&波什
DWYANE WADE & CHRIS BOSH

自 2010 年加入迈阿密以来，这位大前锋收到了来自篮球世界各个角落的严厉批评，奥尼尔称他为“RuPaul”——第一位进入主流时尚圈的变性模特，球迷们吐槽他是抱大腿的软蛋，永无出头之日的三当家，而“热火三巨头”不过是好汉两条半。

从猛龙到热火，波什的打法和地位发生了巨变，波什这样说：“如同独生子的身边多出了两个兄弟，我必须学会分享，该死的是，事情并不像我想得那么简单。”斯波尔斯特拉为麾下爱将说了句公道话：“每个人都得做出牺牲，波什不得不放弃以前独享的进攻特权。当我们跑战术时，他不再像效力猛龙时那样成为理所当然的第一选择。”

詹姆斯离开热火之后，波什在球队中担任起更重要的角色，就在他刚有些起色之时，命运又摆了他一道。2015 年波什被查出肺部有血凝块，不得不停下比赛。因为伤病的困扰，后期职业生涯打打停停。2017 年热火裁掉了这位传奇大前锋，虽然他还未宣布退役，但似乎尘埃已落定。

03 韦德&奥尼尔
DWYANE WADE & SHAQUILLE O'NEAL

热火2006年的冠军季里，韦德是毋庸置疑的领衔主演，然而没人可以忽略“大鲨鱼”的贡献，即使处于衰退期，场均依然可以贡献20分9.2个篮板。更可贵的是，奥尼尔主动让出球队权杖，亲手将韦德送上球队的头把交椅。“从加盟热火的第一天起，我就决定让韦德领跑，”奥尼尔说，“我会紧随其后，这是我真实的想法，我从来没有遇到什么困扰。相反，我感觉不错，他是没有私心的伟大球员，他值得我这么做。”范甘迪认为，热火需要奥尼尔，而无论韦德获得多少喝彩，也不会让自己的声音高过奥尼尔，“闪电侠”明白无须与奥尼尔干上一场就能够得到足够的关注。

奥尼尔退居二线的同时也兼任小兄弟的精神导师，他帮助韦德长大成人，从初出茅庐的菜鸟变成勇于担当的球队领袖，从卓越迈向伟大。“在我需要一个领路人时他走进我的生活，”韦德说，“那年我才22岁，是他帮助我成长。我心怀感激，他对我的篮球生涯意味良多。”

奥尼尔不仅仅是热火的精神源泉，在球场上他依然拥有打击对手的破坏力以及数据无法体现的隐性影响力。时任小牛主帅的艾弗里·约翰逊认为，奥尼尔给他的球队投下巨大的阴影，他对沙克的提防之心超过了韦德。第二场总决赛开打之前，“小将军”扔给记者们一句话：“不要问我其他问题，我满脑子都是那个350磅的躯体。”“韦德的表现相当抢眼，但热火的胜利绝对离不开沙克。”莱利说，“对他而言，

不再成为场上最大的焦点并非难以接受，问题的关键在于他对热火仍然不可或缺。”

2011年6月，奥尼尔正式宣布退役，消息传开后备战总决赛的韦德第一时间更新了推特：“能和伟大的沙克成为队友，是我毕生的荣幸，跟他相比我显得如此卑微。没有他，这项运动不会是现在这样，再次表达对他的尊重。”

04 韦德&特拉吉
DWYANE WADE & GALLAR WADE

2006年冠军之夜，母亲乔琳达亲临现场，看着自己的儿子冲天怒吼，将皮球扔向半空，宛如梦境：“以上帝的名义，我们为什么会在这里？”在韦德的概念里，妈妈并非自己生命中最重要的人，在接受采访时他频繁提到另外一个名字——姐姐特拉吉。

英格伍德与其他众多小镇没有什么两样，帮派分子和毒贩在街区不停游荡，枪声随时响起。毒品、酒精和烟草击垮了韦德的父母，整个家庭依靠政府发放的食品券和福利生活，年幼的韦德早已明白，当卧室的门关上，音乐开始喧嚣

时意味着什么。"眼睁睁看着母亲染上毒品，"韦德回忆，"对我来说，那是最黯淡无光的日子。你想和他们谈谈，他们却幡然睡去，这很伤人。"

在那段不堪回首的岁月里，特拉吉是唯一关心韦德的人，她为弟弟做饭，教弟弟阅读，在妈妈嗑药忘乎所以的时候照顾弟弟的一切。韦德不喜欢和不清醒的母亲以及其他两个姐姐待在一起，唯独喜欢特拉吉。为了安全起见，特拉吉上街时不会带上韦德，然而调皮的韦德总是跟姐姐捉迷藏。"这成了玩笑，每次她要出门时都怀疑我跟在后面，"韦德说，"那是我最喜欢的追踪游戏，我知道她对我的爱，知道她愿意让我陪伴左右。她想我和朋友一起玩，但我没有朋友，我想和她在一起。"

1988 年的一天，特拉吉将韦德送上去往父亲家的车，告诉他如果受欺负就给姐姐打电话，她就来接他。成年后的韦德知道，这是姐姐为拯救他做出的最大努力，然而在一个孩子眼里这是一种无法接受的欺骗。"他会由好心人照顾，"特拉吉说，"由父亲来保护，后来我才想明白，他是我最好的朋友，我想念他。"

2003 年 6 月，热火用 5 号签选中了韦德，当年追随姐姐的跟屁虫终于成为万众瞩目篮球明星，喧嚣过后只剩下姐弟俩。

05 韦德&母亲 DWYANE WADE & JOE LINDA

2006 年总决赛，在达拉斯的那个夜晚韦德登顶荣耀之巅，面对山呼海啸的赞美和褒奖，韦德最在乎的并不是这些，而是他母亲乔琳达的重生。

这位母亲在韦德父亲离她而去后，沉迷于毒品，不能自拔，并曾经经历过吸毒、贩毒、判刑的灰暗人生。而此时，当母亲站在场边，睁大双眼看见儿子成为总冠军的一员，看见儿子大吼着，将球抛向高空，她简直就是最幸福的人！

乔琳达虽然在韦德小的时候时常因为吸毒、赌博、酗酒而身陷囹圄。但当韦德进入联盟之后，她也下定决心，洗心革面改过自新。

韦德也为母亲能走出困境而慷慨出资，在 2008 年 5 月 19 日在芝加哥买下一座教堂给乔琳达，并且"闪电侠"决定将每年 10% 的薪水捐给这座教堂，做慈善公益。

现在韦德的母亲摇身一变成为牧师，每天给人们传道讲法，为自己年轻时的劣迹赎罪。这一切都是韦德带来的积极影响，儿时的韦德不但没有走歪路，长大后还将母亲从罪恶的深渊中救赎，这对母子因为亲情紧紧地联系在一起。

06 韦德&儿子 DWYANE WADE & SONS

韦德对两个儿子（长子扎伊尔、次子锡安）疼爱有加，父子间的深情不仅给孩子们留下美好的童年记忆，也给了韦德很大的动力，这让"闪电侠"无论遇到什么失败困阻，总能从阴霾中走出来。

因为韦德 4 个月的时候，父母离异，由姐姐特拉吉带大的韦德发誓要当一名好父亲。于是身为人父后的他对于孩子细心呵护，给他们无微不至的父爱。

韦德还喜欢带着两个儿子出席各种大场面，以求增加他们的阅历。

2011 年 6 月 17 日，韦德虽然没能捧起奥布莱恩金杯，但他获得了另一个荣誉——2011 年全美最佳父亲。

在许多人眼里，这个"全

美最佳父亲”的奖项丝毫不亚于总冠军。因为它包含着浓浓的父子亲情。

全美父权协会总裁沃伦说道：“这个最佳父亲奖体现了韦德为自己的孩子无微不至的付出，他尽到了自己的责任。他给全国所有的父亲们树立了一个好的榜样，他展现了一个好父亲所必须有的关爱、责任和承诺。”

韦德除了给自己的孩子方方面面的关怀之外，还利用“韦德全球基金”给迈阿密和自己的故乡芝加哥的很多贫苦孩子送去了帮助。

韦德获奖之后，发表了感言：“能够得到这个奖项真是太兴奋了，没有什么能和孩子们带给我的快乐相比。”

韦德在与前妻的诉讼当中赢得了两个儿子的监护权。虽然韦德经常随队出征，但是只要一有时间，韦德就会陪孩子们尽情玩耍。

07 韦德&乔丹 DWYANE WADE & MICHAEL JORDAN

公牛捧起第六座冠军奖杯时韦德还是个高中生，韦德说：“那真是令人终生难忘的时刻，整个芝加哥都沸腾了，人们沉浸在幸福之中，感动得痛哭流涕。”“篮球上帝”对韦德影响至深，从高中时代起他没日没夜地模仿乔丹，独自在后院练习“飞人”的动作，他要求球友们叫他迈克尔·乔丹。朋友圈都了解他对乔丹的敬仰，同父异母的兄弟爆料他对“篮球上帝”的痴迷是动真格的。“在我篮球生涯的初期，我曾有意识地模仿乔丹的一切，”韦德说，“倘若人们在我身上看到任何与乔丹相似的特质，我感到非常荣幸。我天生具有责任感，想要成为领袖，所以我喜欢在队里承担领导者的角色。”

2003年的菜鸟赛季，热火做客芝加哥，有伤在身的韦德没有上场的打算，他不希望因为状态不佳在家乡人面前出丑，准备坐在观众席上充当看客。“闪电侠”百无聊赖之时，旁边的光头中年男过来搭讪：“嘿，伙计，很高兴见到你，我可听说过不少你的光荣事迹，很想亲眼看看你打球的样子。”说话者不是别人，正是韦德的心中偶像，见到“飞人”本尊让他激动万分。短暂的会面过后，强装镇定的韦德马上抄起电话，向最好的哥们儿炫耀这场奇遇，对方在电话另一端咆哮：“什么？简直难以置信！”

在NBA功成名就之后，韦德如愿加入“乔丹之队”，为乔丹的品牌代言。“‘甜瓜’和保罗加入得比我早得多，”韦德说，“我从来没想过成为男一号，仅仅是加入其中就让我兴奋不已。能够得到乔丹的赏识，亲耳听他说‘希望你加入我的品牌’，这已经是我人生中最值得纪念的成就。我很重视这件事，激动万分，因为我知道这不仅仅是乔丹系列的一部分，实际上只要穿上这双鞋就代表了球场上的乔丹。”

2011年，乔丹在谈判中的强硬和吝啬让他成为众矢之的，尼克·杨公开提倡抵制乔丹品牌，而韦德没有和劳方的兄弟站在一起，他公开表示不会抵制乔丹，因为他与其他人的身份不同，更重要的是他不会与自己的偶像、“教父”为敌，如韦德所说：“乔丹是我的第二个父亲。”

08 韦德&莫宁 DWYANE WADE & ALONZO MOURNING

2007年上映的纪录片《不可阻挡的韦德》中，韦德敞开心扉：“队里有很多老队员，包括莫宁和奥尼尔，随时会退役，这或许是他们最后一次总决赛，最后一次捧杯的机会，我要为他们而战。”

莫宁的篮球战争从未停止，即使换肾也没有阻止他屹立在球场之上，与篮网不欢而散后他重回热火。2005/2006赛季莫宁拿着不到120万美元的薪水，却依然透着千万级内线的范儿，斯坦·范甘迪说：“你可能有几次机会在他面前得分，但是他不会气馁，只要他在篮下，任何人都不会轻易得分。”被问及哪位内线球员是最难跨越的障碍时，史上最强扣将卡特毫不犹豫地提到了莫宁：“当你感受到他盯着你的眼神，你就知道这位爷惹不起，必须对他保持尊敬。”

对于那支热火，莫宁的贡献弥足珍贵，奥尼尔只打了59场常规赛，莫宁独自支撑着热火内线，在20分钟的出场时间里贡献2.7个盖帽，没人能解释“肾斗士”如何保持如此高水准的防守效率，某种意义上莫宁同样不可替代。

2006 年总决赛第六场，莫宁送出第 5 次“火锅”后倒地不起，场下的莱利心里一惊：“当时，我真的担心他再也站不起来了。”总冠军之夜，莫宁砍下 8 分、6 个篮板和 5 个盖帽，耗尽了最后一丝气力，他用 14 分钟的最后一搏完成了 14 年的夙愿。

“为了总冠军，我愿意牺牲自己的利益，”莫宁说，“我视金钱如粪土，只有总冠军最重要，为了实现梦想，我愿意放弃一切。我感谢韦德，让我在职业生涯的暮年完成梦想。很多人问我，难道总冠军值得用生命去争取吗？因为我是阿伦佐·莫宁，这就是原因。”

2007 年 12 月 19 日，热火客场挑战老鹰，莫宁试图封盖马里奥 · 韦斯特的上篮时，拉伤了腿部肌肉，痛苦倒地。当队医准备用担架将莫宁抬出场时，他倔强地挥手，说：“不，我不能这样离开球场。”在队友的帮助下，莫宁一瘸一拐地走向更衣室，此时因剧痛而暂时失聪的莫宁已经听不到观众雷鸣般的掌声，而搀扶他走完职业生涯最后一段旅程的就是德怀恩 · 韦德。

09 韦德&莱利
DWYANE WADE & PAT RILEY

2006 年莱利在一片质疑声中组建了一支不合常理的球队，21 场常规赛后他亲自拿起了教鞭，季后赛祭出了擅长的精神胜利法。热火在总决赛取得 3 比 2 的领先优势，奔赴客场之前莱利向球员暗示：“我只带了一件衬衫，一条领带，以及一套西装。”如同 1987 年带领湖人夺冠后保证连冠，并且成功做到一样。

在球迷眼中韦德是迈阿密的城市英雄，然而莱利是主宰着比斯开湾一切的国王。热火 2006 年夺冠后陷入低谷，莱利卧薪尝胆，经历数年苦心经营组建了震惊世界的“三巨头”。

四年两冠，创建王朝失败，詹姆斯回到家乡，波什频频伤病，只留下韦德艰难独自带队。帕特·莱利又开始了自己新一轮的运作。2016 年夏天，热火想要以一年 1000 万美元续约韦德，这无疑伤透了韦德的心，当初为了组建“三巨头”，韦德自愿降薪，而这一次他选择不再牺牲。韦德离开热火，回到家乡打球。

2017 年夏天，被公牛买断，莱利又是爆出 430 万美元的合同，想要找回韦德，但最终韦德辗转来到克利夫兰，再次联手詹姆斯，没有回到迈阿密。如此功勋卓著的人愿意终老迈阿密，但却得不到应有的尊重，莱利于心何忍。但于理来说，莱利是个冷酷的生意人。

10 韦德&哈斯勒姆
DWYANE WADE & UDONIS HASLEM

从 2003 年加盟热火开始，哈斯勒姆由不起眼的小角色打起，逐步成为球队不可缺少的内线悍将。哈斯勒姆的天赋一般，但他勤奋刻苦敢打敢拼，进攻端有一手漂亮的跳投，防守端智慧与强硬兼备，身高只有 2.03 米却能够与大个子们肉搏不落下风，他为热火华丽的球风增添了铁血，陪伴球队经历了风风雨雨，获得了球员、球迷和媒体的尊重。

哈斯勒姆用忠诚和努力回报信任，在 2010 年成为自由球员后，他放弃了其他球队开出的更加优厚的报价，自愿减薪留在热火，这成为篮坛的佳话。在 2014 年夏天，哈斯勒姆为了让热火获得更大的工资空间，主动跳出合同。热火没有让忠心耿耿的哈斯勒姆离开，双方最终签订了一份为期两年的新约，哈斯勒姆预计将在热火终老。

韦德是热火的标志，哈斯勒姆则是韦德的“头号保镖”。韦德是热火队史得分王、助攻王、抢断王、罚球王和进球王，哈斯勒姆则在队史进攻篮板、防守篮板以及总篮板榜上称王。两人携手带领热火三次夺得总冠军。

11 韦德&斯波尔斯特拉
DWYANE WADE VS ERIK SPOELSTRA

“三巨头”时代，媒体戏称斯波从事的是全世界最艰难的工作，他不得不面对三位巨星，背后的莱利则是全联盟最有权势的总经理，只需动动嘴皮子就可以让他卷铺盖走人。斯波尔斯特拉的确处于两难境地，如果热火赢球，一切都是“三巨头”的功劳，稍有不顺，他就得为失利埋单。

2010/2011 赛季训练营最后一天，斯波将 2006 年的冠军奖杯带到更衣室，这是莱利当年玩过的伎俩。作为莱利的门徒，斯波执教的方式并不新潮，时至今日他还演习恩师的方式统领球队，就像原样拷贝的文档。然而在技战术细节上斯波尔斯特拉没有故步自封，2011 年兵败总决赛后，他商量对策：重新建立球队体系，让詹姆斯成为这个星球上最优秀的球员。

斯波尔斯特拉拟定全新蓝图，从凯利教练的全方位进攻理念中抽离出基本原则，称之为“速度与空间”的进攻模式。

“三巨头”的成功无须赘述，值得一提的是斯波尔斯特拉对球队的改造并不局限于詹姆斯，他为韦德量身打造了进攻套路，让“闪电侠”在身体状态下滑的阶段依然凭借空切和无球走位保持较高的进攻效率，对韦德而言斯波是助他焕发第二春的良师益友。

12 韦德 & 尤尼恩 DWYANE WADE & GABRIELLE UNION

尤尼恩在虚拟银幕中，与威尔·史密斯、阿尔·帕西诺、梅丽尔·斯特里普等影帝、影后配戏，从而星途坦荡，声名鹊起。而在现实生活中，她同样与一位大腕结下不解之缘，那就是与德怀恩·韦德。

他们的携手相恋，令无数 NBA 球迷注意到了“闪电侠”身边那位笑容甜美的黑人姑娘。能让篮球场上呼风唤雨的大英雄俯首帖耳，尤尼恩似乎有一种将“百炼钢化绕指柔”的特殊魔力。

虽然比韦德大将近 10 岁，但这对姐弟恋感情十分融洽，时常一起出双入对，恩爱之情令人羡慕。

当初韦德与青梅竹马的妻子西奥·沃恩离婚时，尤尼恩被无数人指责成“小三”，并断言她与韦德的恋情不会长久，但时过境迁，尤尼恩不仅牢牢坐稳韦德女友的位子，并与“闪电侠”的儿子们打成一片，俨然成为韦德家里的女主人。

2014 年 8 月 31 日，韦德和尤尼恩在迈阿密海滩枫丹白露酒店正式完婚，两人经受种种波折携手步入婚姻殿堂，受邀的 200 多位客人签署保密协议，参加婚礼的来宾在迈阿密海滩集合，并被统一接送到佛州一个田园式的“湖中城堡”里。

HEAT
3
HEAT
1
SACRAMENTO
10
HEAT
15
SACRAMENTO
24
LET'S GO KINGS

绝技篇

十八大必杀技

德怀恩·韦德别传

❶ 变向突破

韦德的变向集灵巧、刚猛、爆发力、毁灭性于一身，那一瞬间迅疾无伦的生死折转，是NBA最让人血脉贲张的心跳体验之一，完美地诠释了什么是“黑色闪电”：超低的重心，可怕的速度，强悍的力量，构建成一种无可防御的穿透力。论变向的速度之快，节奏之急，整个NBA历史上都罕有出其右者。在“闪电侠”的巅峰时期，没有人能阻挡他冲向篮筐，哪怕他提前告诉你突破的方向。

❷ 急停跳投

闪电般的冲击力总会让人忽略韦德的跳投。事实上，除了射程不够远，韦德绝对是一个跳投的专家。他的近筐投篮就更是足以和他的突破相提并论的致命武器，这一点2006年的达拉斯绝对最清楚。急停跳投简直就像是为韦德而存在的：有那样的恐怖突破，不好好利用一下怎么说得过去？于是，“闪电侠”一个加速，对手如惊弓之鸟般退避三舍。好的，一个跳步收球，一记好整以暇的急停跳投诞生了。

随着这些年来韦德的刻苦训练和实战磨炼，他的投篮技术也精进了许多，经常见到“闪电侠”在中远距离用投篮来摧毁对手。韦德常常从禁区边缘、45度角上下的位置开始，背对篮筐，将防守球员卡在身后，接球，在运球的同时尽量把防守球员往里挤，然后伺机转身起跳，在起跳的过程中，身体努力向后仰，以躲避防守球员的前扑封盖，然后，在最合适的时机把球投出去。

听起来好像不难，但实际上，要在后仰的过程中寻找最恰当的出手时机，并在身体失衡的情况下保持投篮的稳定性，这绝对没有想象中那么简单。韦德能把后仰跳投练到出神入化的地步，练成自己的常规武器，堪称一绝。

❸ 迷踪步

这是最能诠释“闪电侠”突破风格的经典手笔。迅猛的速度，良好的节奏，强大的爆发力，在高速冲刺中上演的夺命舞步，形成了一种浓烈、奇幻的视觉：瞻之在前忽焉在后，瞻之在左忽焉在右。

“迷踪步”，只有在韦德身上才是最名副其实的，华丽的谜面，未知的谜底。面对多人堵截，突破是靠着步伐和灵活的身躯像蛇一般蜿蜒前进，轻而易举地绕开防守人。扭身，旋转，变向，一路杀到内线。联盟中精通此绝技的除了韦德，还有就是吉诺比利。

卓越的球感使韦德人球合一，即便使再快的速度和诡异的路线，球都会控制在“闪电侠”的手中。

韦德的转身脚步快，运球隐蔽，作为联盟中数一数二的突破王，韦德自然深知转身技术的精奥，他每次的转身都会给自己留下余地，收放自如，才是上乘的功夫。

但韦德这一招的确无人能防，那就是诡异的连续变速变向过人，如入无人之境。

4 突破灌篮

韦德是壮烈的殉道者，能上篮绝不跳投，能扣篮绝不上篮。一旦韦德进入禁区，他不会拒绝任何碰撞，仿佛生命在这一刻根本就不是他的。所以，这个1.93米的得分后卫强行进入了飞人系，成为一台独特凌厉的突破飞扣制造机。接球，启动，从任何地点越过防守直取篮筐，你不要试图阻挡他，你做不到的，因为他来自地狱。

5 拉杆上篮

韦德是一个在空中折叠自己身体的能手，偏矮的身高让他的拉杆相比乔丹、科比、麦迪少了些许舒展、飘移，但也多了几分奇幻、凌厉。他的弹跳实在是太变态了，每次起跳都像是把自己扔向空中——嗯，然后他就有足够的时间完成空中作业。

他对篮筐附近的空间有着独特而精确的认知，他的空中动作似乎总能找到你的防守死角，然后打进一记让你沉默的杂耍进球。而且韦德的拉杆还有一种属性：他似乎总是提前考虑到了你的犯规方式，所以你就更得谨慎，否则他就不仅仅是得两分了。

6 闪电抢断

韦德不但是一个猎豹般的进攻者，还是一个雄鹰一般的防守者。他讨厌一板一眼地摆出标准防守动作，他要的是一击致命。在防守端，他总是像一只张开翅膀的雄鹰，随时准备扑掉你手中的皮球：你的护球稍有不慎，你的传球正好经过他的前方，你的意图被他洞悉，于是你们这次进攻就死掉了，暴露的皮球根本躲不过他闪电般的扑击。而当他成功断球，你当然就只能目送他像骑着摩托车般离开，然后到场地的另一端表演扣篮。

7 低位单打

还是因为该死的身高，否则韦德肯定是一位低位背身大师——当然了，即使是这样的身高，也无法阻挡他成为一个低位高手。强悍的上肢力量可以让他比同等身高的人更容易要到位置，然后他要么立刻转身抛射终结进攻，要么做出中锋式的背打动作，然后给你玩出一整套单打动作来。他用弹跳和后仰弥补了身高的缺陷，而且他确实拥有全套低位技术。在他衰退之前，他在低位也同样可以杀人。

8 虚晃跳投

“闪电侠”的刚猛迅疾隐蔽了他的狡猾。虽然拥有最热血的突破，但他绝不是那种肾上腺素过分分泌的急先锋。他就像是最高明的赌徒，时而豪情万丈一掷千金，时而不动声色神鬼莫测。

虚晃跳投也是他的招牌杀招之一：一步强突，跳步收球，然后就是一记投篮假动作。防守者从飞步追来，呼啸起跳——韦德左脚移动调整，然后迎着防守猛力起跳，裁判哨响。但是还没完，在空中，韦德身体蜷缩，然后打开，一记滞空投篮，“2+1”。

故用兵之道，示之以柔而迎之以刚，示之以弱而乘之以强，为之以歙而应之以张，将欲西而示之以东。三十六计中的“声东击西”在篮球场上也经常被使用，投篮假动作正是源于此计。

韦德已经将这一技巧转化成为篮球场上的一门艺术。通常情况下韦德会从外围开始发动进攻，突然在三分线附近运下球后慢慢起跳，假装要远投。不过就在双脚离地前，韦德如同被按了暂停键一般，整个投篮动作都会停止，而负责防守他的人已经上当，起跳，此时韦德会重新开始做投篮动作，让腾到空中的防守者无可奈何。

9 飘移抛投

韦德在远距离有些先天不足，于是他将近距离修炼到了极致，堪称近筐非常规进攻动作的集大成者。他的闪电突破如果不能以扣篮和上篮结束，就会转化成这种轻巧美妙的抛投。左右皆能，随心所欲。突击式起步，灵蛇式晃动，爆发式起跳，外加让观众眼球充

血的滞空，于是如仙人指路，如落雪飞花，你只能看着他在另一个维度祭出这销魂一击。

10 飞天封盖

敏捷的脚步和出色的防守意识给了他出色的协防能力，迈阿密冠军之师的恐怖防守轮换，便是建立在他和詹姆斯的这种机动能力上。韦德总是喜欢挑战和高度、难度有关的东西，进攻时的隔扣，防守时的封盖，从六尺后卫到七尺中锋，韦德来者不拒。于是海纳百川成其大，他成了身高 1.95 米以下的球员中的盖帽王。

以韦德出色的身体素质，上演“火锅盛宴”绝非难事。他可以在一场比赛中送给对方 5 个盖帽，这对于一名 1.93 米的控卫来说似乎有点令人难以置信，不过想想韦德惊人的弹跳力以及他在场上的积极态度就不足为奇，这除了出色的弹跳能力和精准的预判外，我们不得不叹服韦德锲而不舍的精神。经常看到“闪电侠”猛追对手，并在跳投之后高高跃起将球扇掉。

11 空接暴扣

如果说空接是飞人系球员的通行证，那么韦德的通行证上绝对标注着 VIP。他并不只是一个持球狂魔，他拥有全面的无球走位技巧。事实上，他的很多进攻在他接到球之前就已经开始了，当他接到球时就意味着结束。比如这样的流水线：在侧翼突然加速，对手不可能不被他超车，因为他是“闪电侠”，然后从底线直扑篮筐，在空中迎接队友的传球，然后扣篮。而当他和詹姆斯一起打球时，这一技能就会从半场适用变成全场适用。

12 突破上篮

韦德的突破速度可谓雷霆之势，他的快还体现在旋转变向的快，转身动作之快可谓 NBA 中一号人物，在几个人中像陀螺似的转来转去戏耍是家常便饭。所以韦德的突破是最华丽和最好看的也是最容易受伤的，脚踝负担很重。

韦德的脚步非常鬼魅，加上超强的变向能力，拿起球后向前两步突破，这样他就能移动很远的距离。如果不知道韦德这上篮脚步的人，会有两种结果：一种被韦德轻松过掉，连犯规机会都没有；另一种打手或阻挡。此外即便就算知道韦德这上篮脚步的球员，也会因为在高速运行中重心偏差，从而导致失去防守位置。

韦德拥有大神级别的速度、爆发力、腿部和腰腹力量，还有一流的弹跳力，非凡人可以练成的，可谓前无古人后无来者。

而面对篮筐，韦德有无数种将球打进的方式，无论是拉杆、勾手，还是突破上篮，都能令防守者在眼花缭乱中感到绝望。

13 突破分球

作为球队核心，韦德用自己的犀利进攻打击对手的同时，当然不能忘记团队的作用。获得队友支持的同时，韦德也没有忘记投桃报李。韦德最擅长的助攻方式就是利用自己超强的个人能力形成突破之后，再寻找对方防守的漏洞，寻觅处于空位的队友。

我们经常看到韦德奋勇直前地突入篮下，高高跃起，用鹰一样犀利的眼神捕捉机会，然后妙传队友，其敏锐的观察力令人叫绝。

⑭ 神魔妙传

韦德有着极高的篮球智商和完美的洞察力。他视野广阔，传球直达敌人心脏。控卫出身的韦德熟谙各种传球手段：像纳什的行进间击地传球，基德的鹰眼式精准长传，“白巧克力”的背后妙传，“魔术师”的No-Look-Pass。这些大神级传球绝技对于韦德而言，均驾轻就熟。

韦德传球的时机、方位、节奏感都非常好，接球者可一蹴而就完成攻击。尤其是那令人惊艳的快攻，韦德的精准长传直接为队友暴扣输送炮弹，电光石火，甚至连摄像机都无法捕捉。韦德单场最多助攻数为16次，生涯场均助攻6.6次，在得分后卫的这个位置上，他传球功力已堪称翘楚。

⑮ 冲抢篮板

韦德虽然是打后卫出身，但却拥有橄榄球运动员级别的强壮身体，肢体力量很强，爆发力在当今联盟也名列前茅。他2.12米的臂展和出色卡位能力，以及一流的篮板嗅觉，更让他在冲抢篮板时游刃有余。

早在大学时期，6.6个场均篮板在后卫中名列前茅。2010/2011赛季是他的篮板高峰，不仅场均能达到6.4个，还有单场16个篮板的惊艳表现，整个职业生涯，他也有场均5.0个篮板的出色数据。

⑯ 中路突破

在快攻中韦德的突破常常选择的是中路，对方防守阵型没有完全展开时，迅速杀上，直接从中路杀入，因为中路的距离最短，可最快插到篮下。

韦德不是躲开，而是靠上对方大个子去上篮。用身体依住内线，然后腾出手来上篮，贴住对方后，对方的防守是盖不到帽的。

韦德能够在中路经过很多拦截而不丢球的功夫是因为他运球重心极低，护球到位，以及娴熟的控球技巧。

控制节奏是好的突破手必备的核心技术。当你在速度上没有绝对优势时，节奏就是不二武器。韦德的第一步起步非常迅速，身体的重心很低，但是不是一直就冲了，而是忽快忽慢的。以变速改变了原有的节奏是甩开对手贴身防守的极为有用的技巧。

18 王者雄心

韦德是什么人？是冷酷的将军，不留俘虏统统斩首；是狂奔的猎豹，吐着血气撕裂对手的筋骨；是永远的战神，不畏惧一切挑战。韦德是篮球场上最能诠释血气的球员之一，当他看到胜利的机会，他就会用生命去扑击，他的比赛总是充满一种血溅五步的惨烈。他是最老派的刺客，视荣誉高于生命。当他抱着金杯的时候，他往往满身伤病躺在地上，而且让人担心他再也站不起来。他强壮的、布满伤痕的身躯里，是更强壮的王者之心。这颗心燃烧着他的职业生涯，使之愈发辉煌炽热。

17 沾衣跌

源于少林睡罗汉拳法的一套沾衣功，说白了就是借力打力，四两拨千斤。

“沾衣跌”的总诀是：抽身换影，乘势借力，避锋藏锐，以巧制拙。在实战搏杀中，必须抓住稍纵即逝的空当、破绽，牵逼锁靠。消打并举，发劲跌敌。

韦德有非常好的滞空能力和协调性，可以在身体腾空之后用手上的假动作骗过对手的盖帽而来个势大力沉的扣篮，或者以一个拉杆上篮轻巧取分。“闪电侠”丰富的攻击手段使之在篮下攻击时无往不利。

韦德在空中从不惧怕对手的冲撞，常常在身体失去平衡的一瞬间，利用身体的协调性将球投中，而且命中率反而要高于没有对抗时，这也是“闪电侠”将借力打力的“沾衣十八跌”发挥到极致的表现。

HEAT
3
JMAC'S CREW
Mountain Dew

经典篇

二十大经典战

德 怀 恩·韦 德 别 传

❶闪电首秀

季后赛处子秀献绝杀

2004年4月18日，热火主场迎战黄蜂。这是热火队三年内首次进军季后赛的大门，也是韦德的季后赛处子秀。此役韦德表现神勇，得到全队最高的21分5次助攻，并且在终场前1.3秒完成绝杀，帮助热火以81比79取得胜利。韦德在首场季后赛中展现了超人的潜质和巨星的风采，终场前11秒双方战成79平，韦德突破拜伦·戴维斯后将球打进，正是凭借着这个决定乾坤的得分，热火艰难取胜。面对“蜂王”，“闪电侠”从容不迫完成致命一击，也一战成名，从此成为迈阿密的英雄。随后他带领球队淘汰黄蜂，闯入东部半决赛。这个赛季后韦德便确立了在热火的领袖地位，他常规赛场均数据为16.2分4个篮板4.5次助攻，季后赛数据上升到场均18分4个篮板5.6次助攻，随后那个夏天他代表美国“梦六队”出征雅典奥运会。

❷绝杀爵士

0.1秒刺爵显神威

2004年11月20日，热火主场迎战爵士，本场韦德状态所向披靡，他砍下全场最高的39分，并在终场前0.1秒投中绝杀，最终热火以107比105险胜。赛后爵士主帅斯隆表示：“韦德具有巨星风范。”面对“AK47”基里连科的贴身防守，韦德依然强势，作为二年级球员，他向世人展示了一流的巨星潜质，他的突破疾如闪电一般划过迈阿密的夜空，在美航球馆，所有球迷如痴如醉。当韦德射中绝杀那一刻，球场不断传来MVP的呼喊，这对于二年级球员来说无疑是莫大的荣耀，谦逊的“闪电侠”并没有以此自满，而是在此后用一次次精彩的绝杀作为回报。

❸皇侠之战

闪电侠对决小皇帝

2006年4月2日，热火对阵骑士，奥尼尔的缺阵，使得本场比赛成为韦德与詹姆斯两位“03白金一代”的直接对话。此役韦德以一己之力扛着球队挑战已经六连胜骑士，他全场狂砍44分8个篮板9次助攻，但是詹姆斯不可思议地拿下47分12个篮板10次助攻，令热火以99比106告负。两位巨星的飙分也令球迷如痴如醉，韦德虽然失利，但准三双的数据也难掩其光芒，正是由于有了他这样的伟大对手，才能使得詹姆斯发挥得更完美，同时产生令人回味无穷的经典对决。赛后“手套”佩顿也对两位后辈大加赞赏，他表示：“韦德和詹姆斯的发挥，仿佛让人看到了当年伯德和‘魔术师’约翰逊的较量，他们把末节比赛演变成了二人间的华丽演出。”

❹力挽狂澜

总决赛单骑退强敌

2006年6月14日，热火主场迎战小牛，这是双方总决赛第三场，此前小牛大比分2比0领先，本场对于热火不容有失，否则对手将率先拿到冠军赛点。此役回到迈阿密的热火将士展现了焕然一新的面貌，尤其是“闪电侠”韦德，他全场狂飙42分13个篮板。尽管小牛大部分时间都保持优势，末节还曾领先多达11分，但是韦德的个人能力得到了完全体现，凭借他末节的15分3个篮板，热火实现翻盘好戏，最终以98比96战胜小牛，也将总比分扳至1比2。韦德有如神助般的表演是热火实现逆转的根源，最后一节没有一名小牛球员能够阻挡他前进的步伐，同时他在决胜时刻抢下的关键防守篮板，也为球队确保了胜利。韦德用一次伟大表现将球队从悬崖边拉了回来。

❺天王山之战

独砍40+两罚定胜势

2006年6月19日，热火对小牛总决赛第五场，这是一场“天王山战役”，此前双方战成2比2。虽然热火状态不佳，虽然“大鲨鱼”罚球糟糕，但这一切都无所谓，因为他们拥有韦德。此役“闪电侠”效率惊人，他28投11中，25罚21中砍下43分，堪称球队“救世主”。韦德末节最后10秒命中跳投，帮助热火拖入加时，随后终场前1.9秒通过两记罚球完成绝杀，最终热火以101比100一分险胜小牛，从而在大分上以3比2领先。自从进入联盟后，大家总拿韦德和乔丹进行比较，而这一次他又用绝杀拉近了与“飞人”之间的距离。

❻巅峰独舞

总决赛MVP实至名归

2006年6月21日，热火对小牛总决赛第六场，此前热火总比分3比2领先，只要赢下此战，就可问鼎冠军。此役韦德出战45分钟，全场18投10中，21罚16中，砍下36分10个篮板5次助攻4次抢断3个盖帽，带领热火以95比92击败小牛夺得总冠军，他本人也凭借优异的表现当选总决赛MVP。在与小牛六场总决赛中，韦德场均砍下34.7分7.8个篮板3.8次助攻2.8次抢断，同时他六场一共获得96次罚球，创造了总决赛球员罚球最多纪录。进入联盟第三年，韦德就夺得总冠军，他也成为“03白金一代”中最早夺冠的球员。

7 美国之刃

北京奥运会巅峰闪电秀

2008年8月24日，北京奥运会男篮决赛美国队对阵西班牙队。此战是“梦八”的证明之战，对于美国队而言，已经8年没有在世界大赛上染指过任何一项冠军头衔。此役韦德成为“梦八”的头号功臣，“闪电侠”全场砍下27分，帮助美国队以118比107击败西班牙队夺得冠军。作为替补韦德展现了最强大的火力，精准跳投和迅疾抢断让美国队不断扩大优势，堪称最佳第六人。可是这样的称号却远远没有体现他的价值，他不计较个人得失，却低调地成为“梦八”得分王。在韦德参加的八场奥运比赛中，他场均上场时间为18.8分钟，却场均贡献16分，命中率高达惊人的67.1%。“闪电侠”不仅用华丽表演让世人为之折服，而且还捍卫了美国篮球尊严。

8 怒火逆转

闪电暴走末节狂杀

2009年3月1日，热火主场迎战尼克斯，韦德再一次向大家展示了超强的飙分能力，他全场29投16中，12罚全中，砍下46分8个篮板10次助攻4次抢断3个盖帽，率领热火以120比115击败尼克斯。纽约虽有五人得分上双，但也没能阻止“闪电侠”主宰比赛，在决定胜负的第四节，他居然一人拿下24分，也追平了球队末节的得分纪录。值得一提的是，尼克斯末节的一次愚蠢且野蛮的犯规彻底激怒了韦德，菜鸟加里纳利在一次拼抢中致使“闪电侠”血染赛场，而这却使前三节状态平平的韦德彻底苏醒，他率队打出一波19比0的高潮，一举拿下比赛。赛后韦德表示：“当我生气的时候，我一定会进行攻击，这就是我的还击。”随后江湖便流传着：“如果韦德很生气，后果一定很严重。”

9 对决纳什

16 记妙传力压助攻王

2009 年 3 月 5 日，热火主场战太阳，这也是奥尼尔加盟太阳后首次重回迈阿密比赛，他和昔日搭档韦德的再次重逢却从队友变成对手。此役韦德没有给“大鲨鱼”留任何面子，他首节就砍下 19 分，热火单节取得 11 分的优势。此后双方大打对攻战，韦德全场砍下 35 分 6 个篮板 16 次助攻，其中 16 次助攻创造了职业生涯新高，最终热火以 135 比 129 赢得胜利。 面对联盟助攻王纳什，韦德将传球功力表现得淋漓尽致，在他的策动下热火的攻势仿佛就像平常太阳的炮轰进攻一样犀利无比，“闪电侠”也向世人证明了其精湛的技术。赛后热火主帅斯波尔斯特拉表示：“韦德是位伟大的球员，表现简直难以言喻。”

10 连环双杀

回乡之战献三分绝杀

2009 年 3 月 10 日，热火主场对阵公牛，作为土生土长的芝加哥人，韦德又一次回到了家乡作战，过去数年，公牛也一直试图引进“闪电侠”。本场韦德的表现只能用“神奇”两字来形容，双方一共鏖战两个加时，“闪电侠”先在末节结束前 11.6 秒命中三分，帮助热火拖进加时，随后他又在第二个加时结束前 3.6 秒抢断萨尔蒙斯得手，并在终场结束前抛投三分绝杀对手。面对韦德的表演，联合中心一片沉寂，他们深深感受到了巨星的魅力，十几年前公牛球迷亲眼见证了“飞人神话的诞生”，彼时彼刻韦德成为这个球馆最接近神的人。本场韦德砍下 48 分 6 个篮板 12 次助攻 4 次抢断 3 个盖帽，最终热火以 130 比 127 险胜公牛。

11 头号利刃

豪华准三双得分封王

2009 年 3 月 16 日，热火主场迎战爵士，此战之前爵士已在热队主场五连败。本场双方打得异常激烈，三个加时过后热火以 140 比 129 击败对手。此役韦德依然势不可当，他全场砍下 50 分 10 个篮板 9 次助攻的准三双，其中在第三个加时，当双方都已筋疲力尽时，“闪电侠”依旧神勇，正是他的连续突破让对手崩盘。此战过后，韦德又刷新了多项队史新纪录，其中以 9489 分超过莫宁保持的 9459 分，成为热火队史头号得分王，其次 52 分半的上场时间和 39 次出手以及 19 次命中都为个人生涯新高。爵士则又一次成为“闪电侠”抒写传奇的主角。

12 单场最高

独砍 55 分缔造新纪录

2009 年 4 月 13 日，热火主场迎战尼克斯。为了争夺季后赛排名，热火必须要拿下此战才能确保东部第五。此役韦德状态神勇，全场砍下 55 分 9 个篮板，带领热火以 122 比 105 击败对手，并且锁定东区第五。55 分是韦德生涯单场新高，最让人感到惊叹的是“闪电侠”在三节过后就已拿到 50 分。他是继科比 2006 年 12 月 1 日在三节砍下 52 分之后，首位三节拿下 50 分的球员。

奥尼尔离去后热火一度沦为东部垫底，但这也激发了“闪电侠”的斗志，2008/2009 赛季韦德以一己之力率队杀入季后赛，并以场均 30.2 分拿下首个得分王。

⑬ 半场狂飙

冲天怒扣瓦莱乔

2010 年 1 月 26 日，热火主场对决骑士，“03 白金一代”两位巨星是本场焦点，韦德对决詹姆斯好比 NBA 式的好莱坞大片。开场以后韦德状态极佳，首节连突带投便轻松揽下 13 分，势不可当的韦德在上半场就 11 投 9 中拿到 30 分，这也是“闪电侠”半场得分新高。 可是“闪电侠”的火热状态并没能在下半场得以延续，随后梦游般的表现使得热火最终以 91 比 92 告负，此役韦德“只”砍下 32 分 10 个篮板，詹姆斯则有 32 分 9 个篮板进账。虽然没能赢得胜利，但“闪电侠”的表现却赢得了主场球迷的热烈欢呼，其中第二节韦德在瓦莱乔头顶上完成了泰山压顶式的暴扣，看到这样的伟大扣篮，场边观战的“飞人”乔丹都笑逐颜开。

⑭ 星中之星

达拉斯全明星 MVP

2010 年 2 月 15 日，达拉斯全明星赛上演，作为首次在露天场地进行的东西部对抗赛，也吸引了 10 万现场观众。此役台上台下明星荟萃，堪称提升人气的最佳舞台。 作为“03 白金一代”翘楚，韦德凭借华丽的表演成为主角，他全场贡献 28 分 6 个篮板 11 次助攻 5 次抢断，带领东部以 141 比 139 击败西部，也拿下了个人首个全明星 MVP。他也成为继詹姆斯后，“03 白金一代”中又一位捧得全明星 MVP 的球员。但自从问鼎总冠军后，“闪电侠”的职业生涯似乎出现了滑坡，在“大鲨鱼”转会和自己饱受伤病困扰的情况下，热火持续处于低迷，好在韦德用一枚奥运会金牌及时弥补了自己高开低走的落差感。这次全明星 MVP 无疑增强了韦德的信心，帮助他在迈向巨星行列的过程中，跨出坚实的一步。

⑮ 否定真理

单核闪电独抗三巨头

2010 年 4 月 26 日，热火客场对战凯尔特人，这是双方季后赛首轮的第四场，此前“绿衫军”以 3 比 0 领先，如果再负一场，热火将被对手横扫出局。此役韦德发挥神勇，他全场狂砍 46 分 5 个篮板 5 次助攻，带领热火以 101 比 92 获胜，也使双方总比分变成 1 比 3。 值得一提的是赛前皮尔斯便放出话来：“横扫热火。”比赛的最终结果却否定了“真理”，在这样生死边缘的绝地之战，韦德没有手软，他 24 投 16 中，其中末节就命中四记三分，以一己之力赢下尊严之战。46 分刷新了他生涯季后赛新高，也粉碎了凯尔特人试图横扫的目标。

⑯ 闪电骤起

41 分再现巅峰闪电侠

2012 年 5 月 25 日，东部半决赛第六场，热火以 115 比 83 战胜步行者，这是韦德本赛季季后赛之旅中最完美的一战。超然的发挥，直追六年前总决赛一骑绝尘的“闪电侠”。韦德全场 25 投 17 中，68% 的命中率，轰下 41 分 10 个篮板，联手詹姆斯轰下 71 分，将狂妄的步行者淘汰出局。这个系列赛，韦德经历了起伏和沉寂，从第四战开始骤然爆发，连续三场比赛轰下 30 分、28 分和 41 分。更重要的一点是，他升华了“詹韦组合”的攻击力，为东部决赛的联袂爆发埋下伏笔。

17 末节喋血

喋血闪电末节溃圣城

2013 年 6 月 14 日，总决赛前三场，韦德基本处于半场模式，热火也在大比分上 1 比 2 落后马刺。总决赛第四战，生死时刻，韦德从天而降。单单第一节，韦德就通过跳投、突破抛投和罚球 5 投 4 中，为热火贡献 10 分。整个上半场，韦德拿到了 14 分。末节，在马刺紧咬比分的情况下，韦德疯狂爆发四次进攻得分，还送出 1 次助攻，帮助热火一举将领先优势扩大到两位数。全场韦德 25 投 14 中，拿下 32 分、6 个篮板、4 次助攻、6 次抢断和 1 个盖帽的数据，表现得无可挑剔。

18 兄弟再见

兄弟操戈仍手足

2014 年 12 月 26 日，圣诞大战中的焦点战役，热火主场迎战骑士。领衔两队的正是刚刚分道扬镳的韦德与詹姆斯，这对昔日并肩杀敌的队友，再见时依旧亲如手足。他们在全场球迷的欢呼呐喊声中为比赛拉开序幕。此役波什因伤缺阵，韦德独挑大梁，他面对骑士“三巨头”砍下全场最高的 31 分，其中上半场更是 16 投 10 中独揽 24 分，技惊四座。与此同时詹姆斯也拿到 30 分 8 个篮板的优异数据。最终热火凭借韦德的超神发挥，以 101 比 91 席卷骑士。韦德的胜利并没有为他与詹姆斯的关系蒙上阴影，反而两人赛后紧密拥抱，让世人见证了这对兄弟的永恒瞬间。

19 科韦诀别

史诗分卫临别一战

2016年3月31日，湖人主场对阵热火，此役因韦德和科比的最后对决而名垂青史。整场比赛科比因伤仅出战8分钟，7投1中，得到2分。而韦德拿到了26分10个篮板5次助攻的全面数据。虽然最后时刻兰德尔完成了绝杀，让湖人以102比100击败热火，但胜负显然已不重要了。赛后科比接受采访时，韦德突然出现在了现场，他先对媒体说道：“他要走了，我跟他有事要谈。”随后又面对科比说：“你老婆在外面等着你，我跟她说了我会来找你的。”这番令人捧腹的轶事，为科韦的最后对决画上了完美的句号，也让这惺惺相惜的记忆，永远留在了人们心中。

20 背水一战

绝地反击浴火重生

2016年4月30日，东部季后赛首轮，热火与黄蜂第六战，此役是热火的背水之战，如果输掉比赛，他们将以2比4首轮出局，同时也将打破韦德此前曾发下的“季后赛首轮不出局”的誓言。所幸的是，韦德再一次用实力捍卫自己的誓言，在乔丹面前打出了超神表现。当黄蜂当家肯巴·沃克连续砍分时，“闪电侠”站了出来，在比赛最后的46秒命中了关键的三分球，为热火止血。随后他又再度命中中距离投射，并成功封盖了沃克，带领热火以97比90锁定本场胜利。昔日“闪电侠”的风姿，再度傲视全场。

CHICAGO
BULLS
BACARDÍ

战靴篇

韦德经典战靴

德 怀 恩·韦 德 别 传

闪电初现篇
DWYANE WADE

比起聚光灯下的状元、榜眼、探花，首轮选秀第五位是个不尴不尬的地位。比起 5 年 4500 万美元和 7 年 9000 万美元的天价代言合同，一年数十万美元简直不值一提。这就是韦德当初的处境，刚入联盟时，他身上没有任何光环。但是，这并不妨碍他日后大红大紫。

❶Converse Pro Platinum

Converse Pro Platinum 是韦德加入 NBA 后代言的第一款鞋。中掌有 Shank 稳定插片技术，外观设计是它的重要亮点。正如名字中“Pro”所暗示的，鞋侧的“星箭”让人很容易联想到了 Pro Leather 和 Dr.j 2000。虽然没有明确说明，但 Pro Platinum 身上确实流有“Pro Leather”家族的血液，这种意图或者说巧合也在某种程度上为日后 Icon Pro Leather 的推出埋下了伏笔。Pro Platinum 的外观设计上是成功的，将星箭一侧与鞋带口巧妙结合的设计大胆地突破了传统“星箭”的设计特征，让这双鞋在具有极强视觉冲击力的同时更带出了难得的整体感。这双朴实却大气的 Pro Platinum 在韦德穿来也带出了几多“星”味，获得了广泛的关注，韦德已经开始展现出他身上不容轻视的魅力。

● Converse Pro Platinum

❷Converse Baseliner

在 2004 年的雅典奥运会，Converse Baseliner 作为韦德的奥运战靴正式发布。应用了全新改良 ICON 系统的 Baseliner，相较 Loaded Weapon 时期的 ICON，Baseliner 将魔球的数量从 6 个增加为 9 个，排列方式也从初代的三角形变为矩形，同时将原有的外露式后掌平衡片，改为侧向镂空设计。环抱式的包裹带换成了 TPU 承托片，除了将中掌的 SHANK 平衡片与后掌的支撑片联成一体外，原先的内外腰支撑带也被具有支撑包裹作用的压模发泡材料所取代。由后跟覆盖鞋身大半的 TPU 热塑材料成为标志性的设计，而隐匿其中的凹线则形成了一个近似“2”的曲线，颇有寄予第二代 ICON 技术的寓意。这双 Baseliner 体现了 Converse 对设计方向不断的探索。

● Converse Baseliner

● Converse Baseliner

❸Converse Icon Leather

在 2004/2005 季后赛上，韦德脚上的球鞋让所有人眼前一亮，最明显的是球鞋侧面的 20 世纪 70 年代末期 Converse 的星箭 LOGO，让人联想到 Dr.J——朱丽叶斯·欧文。韦德所穿的球鞋正是嫡传于 Dr.J 时代他所穿着的球鞋 Converse Pro Leather。韦德的战靴提升到了 Dr.J 的层次之上，反映出韦德的进步与实力，及大家对韦德的期望之高。后跟是的 Icon Tunable Ride 大底平衡稳定系统，增加了类似碳板的承托，后跟科技是横 3 纵 3 的九个受力点。ICON 本身是两种不同材料的半球压合在一起，上半球是类似硬塑料的材质，而下半球是相对柔软的橡胶，穿着十分舒适稳定。无论从设计理念上还是性能上 Icon Pro Leather 都可以堪称 1998 年以来 Converse 的顶峰之作。

● Converse Icon Leather

❹ Converse Icon Warrior

2005 赛季的韦德已然迅速成长为了 NBA 最受瞩目的新生代球星，很快 Converse 便推出了以韦德为首席代言人的新款 ICON 球鞋——Icon Warrior。中底延续了 Baseliner 的设计，后掌以 9 个魔球系统作为缓震单元，前掌隐藏式包裹设计。Baseliner 标志性的鞋面压模材料在 Icon Warrior 上得到了更进一步应用，配合加高的鞋帮设计，Icon Warrior 的稳定性和保护性得到了大家的肯定。取名“勇士”的新鞋为 Converse 赢得了更多的关注与拥戴。

● Converse Icon Warrior

闪电绽放篇
DWYANE WADE

2003 年韦德新秀赛季的表现并不出色，因此他仅仅从匡威公司得到 40 万美元的年薪。而随着韦德球技的突飞猛进，他的身价也随之水涨船高。韦德与匡威的新合同是在原有合同最后一年的基础上再续六年，合同的最终数额保密，没有向外界公布。新合同将保证韦德与詹姆斯、麦迪一样拥有自己的专属战靴。韦德的第一款专属战靴名为“WADE”，与韦德的英文名字完全一致，中文直译为“跋涉”。这款新型战靴在 2005 年 11 月上市，零售价为每双 90 美元。

❶ Converse Wade 1

作为韦德的第一双签名鞋，Converse Wade 全身各处均有主人的烙印：后跟、鞋舌顶端甚至鞋带头都印有“WADE”的字样；鞋带扣上面则是闪电状的数字“3”。由此可见，Converse 已经将韦德作为一位巨星进行宣传包装。新鞋鞋面采用不对称设计，这种设计既有另类的街头风格，又有 Converse 强悍的美国本土风格。后跟侧面“0.8”秒的倒计时图案是 Converse Wade 的设计亮点，而其设计灵感则来源于韦德在 2005 年 3 月 16 日对阵尼克斯时，最后 0.8 秒反败为胜的致命一投。

● Converse Wade 1

❷ Converse Wade 2

韦德的 Converse Wade 2 终于在 2007 年的全明星周末与大家正式见面，Wade 2 所持有的外观设计基本上延续了简约的设计风格，依旧是色块泾渭分明的轮廓。乍看上去甚至缺乏了 Wade 1 的雄浑朴实和 1.3 的锐利与攻击性。相对同期生詹姆斯的 Zoom LeBron IV 的 Foamposite 华丽物料所呈现出的金属光泽，与安东尼的专属 Jordan Melo M3 的高贵“飞人”血统，这和韦德的行事风格十分吻合——不张扬，但绝不服输。

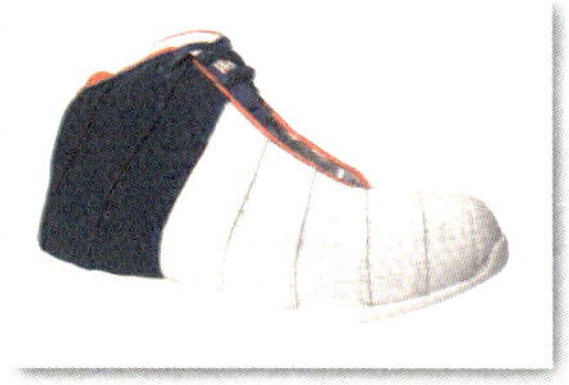

● Converse Wade 2

❸ Converse Wade 3

Converse Wade 3 的鞋身一共采用了三种不同质地的皮面材料拼接而成，首先是环绕了整个鞋身的细致人造软皮，接下来是位于鞋面的细致磨砂皮，最后将二者良好衔接的是在鞋身内外两侧各一块三角形带有大象皮花纹的织物材料。这也是 Converse Wade 3 的创新设计——3“重”缝。所谓 3“重”缝的意思就是用三种不同颜色的车线，三种鞋面材质以及同一双鞋用到的三种配色。鞋面上外露的白红黑三色车线让鞋多了几分复古的感觉，而不同形状皮面材料的拼接又感到几分新意。

● Converse Wade 3

❹ Converse Wade 4

Converse Wade 4 几乎已经看不到前几代韦德签名鞋的影子，4 代的线条比过去任何一款 Converse Wade 都要柔美很多，以前设计师非常喜欢用“闪电侠”的概念设计。锐利线条在 Wade 4 上已经消失得无影无踪，4 代圆润的外形或许能提供更好的稳定性，Converse Wade 4 在科技上并没有太多的改变，中底依然是缓震橡胶，但后跟鞋帮上的条状设计很新颖，在不丧失支撑性能的同时减轻了自身重量，透气性也得到了不少改善。

● Converse wade 4

❺ Converse Wade 4.3

如 Converse Wade 1.3 的诞生是 Wade 1 到 Wade 2 过渡产品一样，Wade 4.3 也有异曲同工之处。Wade 4.3 依然保留 Wade 4 的诸多风格和设计，不同的是前者在鞋跟部位的设计加有透气孔，球鞋的色彩搭配则给人带来一种绚丽的阳光气息，正如迈阿密海滩一样热情奔放。另外，最吸引人的莫过于鞋身处醒目的“星箭”标志。犹如一把锋利的尖刀直插对手腹地，腾空暴扣，星光般灿烂的闪光灯瞬时间照亮全场，此款鞋为主人带来非凡的感觉。

● Converse wade 4.3

闪电惊雷篇
DWYANE WADE

2009 年 7 月，韦德与昔日赞助商匡威结束了合同，转投乔丹品牌。原本就很强大的乔丹品牌阵容再添新丁，韦德的加入为乔丹品牌注入新的活力，穿着乔丹战靴的韦德继续着“闪电侠”的传奇。

❶ Air Jordan Alpha 1

在 2003 年，韦德加入 Jordan Brand 之后，球迷们都相当期待着韦德推出签名鞋款。而作为刚加入 Jordan Brand 的韦德当赛季推出签名鞋款的机会不大，在圣诞大战中与纽约尼克斯队交手时，韦德所穿的 Air Jordan Alpha 1 成为众人的焦点。这款以 Air Jordan 1 作为原型的鞋款，不仅把鞋面改成了透气网眼材质，并且也拉伸了鞋舌的长度，给人一种全新的感觉。

● Air Jordan Alpha 1

❷ Air Jordan Ol'School III

此鞋系专为韦德量身打造，采用典型的热火队配色。如图所示，这双战鞋呈白色皮革鞋面，并在中底、飞人商标、鞋舌内衬和鞋带区上点缀了红色作烘托。毋庸置疑，该鞋最引人注目之处当属鞋身后端上硕大醒目的“Flash 3”标志。遗憾的是，此新品仅生产适合韦德穿着的 15 码鞋。

● Air Jordan Ol’ School III

❸ Jordan Evo

这款鞋中底为全掌 Phylon 及气垫，外底比较结实，人字形花纹抓地力比较好。此外，从脚面、脚踝部分的魔术贴，以及鞋身、后跟处的大面积 TPU 材质来看，这双鞋强调的是保护性能和稳定性能，而整体式鞋套设计又保证了 Air Jordan Evolution 85 拥有超强的舒适性能。

● Jordan Evo

4 Air Jordan 2010

正值 Air Jordan 系列诞生 25 周年之际，乔丹品牌在此时揭晓 Air Jordan 2010 有着特殊的意义。正如廷克所说，乔丹是改变签名篮球鞋的第一人，而乔丹品牌也谨以此次活动对“飞人”篮球方面的贡献表示敬意。与此同时，乔丹品牌团队的精英运动员也将继续传承这一运动传统，其中德怀恩·韦德将成为首位穿上 Air Jordan 2010 亮相的球星。2009 年 10 月 11 日，Air Jordan 2010 全球发布会在迈阿密举行，Air Jordan 2010 首在世人面前正式亮相。

● Air Jordan 2010

5 Air Jordan 2011

“闪电侠”韦恩携新款 Air Jordan 2011 震撼登场，一举创下了 34 分、16 个篮板和 5 次助攻的骄人战绩。这款战鞋呈全黑色，系以皮革打造而成，并配衬水晶透明大底作烘托，而在鞋舌上还雕刻有银色乔丹商标。这是我们真真切切看到的首款非白色 Air Jordan 2011，格外引人注目。

● Air Jordan 2011

6 Air Jordan Fly Wade 1

史上第一双韦德的飞人系列签名鞋——Air Jordan Fly Wade，空降于世，专为这位横出球坛的选手度身打造，卓越材质和流畅设计带来非凡轻盈感，全鞋仅重 13 盎司(约368克)，是乔丹品牌迄今为止最轻质的篮球鞋。知名设计师、乔丹品牌创意总监马克·史密斯携手乔丹品牌高级球鞋设计师汤姆·卢德克，与韦德密切合作，打造出这款以其场上犀利进攻风格为灵感的篮球鞋。Air 和 Zoom 技术的双强组合缔造超强缓震保护，酷炫感十足的半透明外底融入狂放爆裂纹图案，铸就出色抓地力和耐磨性，助“闪电侠”凌厉突破防线，完成一次又一次完美飞跃。

● Air Jordan Fly Wade 1

❼ Air Jordan Fly Wade 2

韦德的第二双签名鞋 Jordan Fly Wade 2，比起一代，二代越发的轻质，在鞋面上大面积试用了 Hyperfuse，三层复合材质经高压黏合实现亘古未有的耐磨、透气、稳固功效，同时韦德新的 LOGO 也区别于上一代，包容韦德（W）、3（球衣号码）和东部（E）三种意义。全掌 Lunarlon 中底提供轻质减震。

● Air Jordan Fly Wade 2

韦德之道篇
DWYANE WADE

2012 年 10 月，李宁公司与韦德正式签约，共同创立全新运动服鞋品牌，韦德的比赛鞋产品系列被命名为“韦德之道”，来源于英语“Way of Wade”，融入很多韦德个人球风和生活理念，是场上和场下，功能和风格，一体两面的完美结合。“韦德之道”系列，彰显着韦德本人独特的性格特点，并极具艺术感的专业篮球鞋。

❶ LI-NING Way of Wade 1

初代总是会被赋予更多的意义，承载着更多的情怀，它是一个系列的开始，是一次合作的开端，当然它也有可能会引领一段传奇。Way of Wade 1 就是这样一双鞋，对韦德来说是一个全新的开始。回到鞋子本身，各种轻质材料和热熔工艺就已经被广泛运用，但 LI-NING Way of Wade 并没有跟随大环境，而是依旧使用了传统材质——皮革。中底方面则是搭载李宁久经考验的当家缓震科技 Cushion 与 Bounse。外观设计上，在同类型产品中，LI-NING Way of Wade 有着更多的时尚气息、潮流气息，从各个方面来看，LI-NING Way of Wade 为整个系列开了一个好头，而且更为重要的是，它是拥有总冠军光环的！

● LI-NING Way of Wade 1

❷ LI-NING Way of Wade 2

2013 年年末，李宁篮球继续为韦德和鞋迷们推出了第二代 Way of Wade。和一代一样，Way of Wade 2 继续采用真皮鞋身，在当时为了减轻重量等因素而诞生的“塑料”球鞋大行其道的时代，Way Of Wade 2 鞋身厚实的用料可以称得上诚意满满。在中底和鞋面的连接处，密集的车线和皮革组合给人带来如今很多球鞋都无法给予鞋迷的充实感。

● LI-NING Way of Wade 2

❸ LI-NING Way of Wade 3

对于韦德来说，没有哪个数字比 3 更能代表他，3 是韦德的球衣号码，这个号码从迈阿密穿到了芝加哥。而 3 又是他目前夺取总冠军的次数，是记录他职业生涯荣誉的重要篇章。《道德经》有云：“道生一，一生二，二生三，三生万物。”作为韦德的第三双李宁 Way of Wade 签名鞋，这双鞋以自然界蕴藏的分形几何 (Fractal Dazzle) 结构为灵感的球鞋，堪称当时所推出的 Way of Wade 系列的鞋款的顶级配置。

● LI-NING Way of Wade 3

4 LI-NING Way of Wade 4

韦德同李宁的合作步入第四代产品，在经历不断磨合的三次迭代之后，LI-NING Way of Wade 4 正式登场，第 4 代鞋型以更为简化的鞋面设计呈现，中足延伸至后跟的包裹在提供良好支撑的同时，也带来更为丰富的层次切割感，外底依然精致，耐磨纹理和水晶材质的拼接呈现。LI-NING Way of Wade 4 “Liberty” 以水绿鞋身辅以黑金装饰，现代感十足。

LI-NING Way of Wade 4

5 LI-NING Way of Wade 5

Way of Wade 8 寓意韦德重返家乡芝加哥，鞋身网布，中间夹层部分区域使用 3M 反光涂层印刷和 3M 反光贴膜，在光源变化的时候呈现幻彩效果。碳板的应用为鞋底带来稳定的支撑效果和良好防扭转性能，中底碳纤片造型呼应罗马数字 “V”，与五代相关联，突出 “5” 的主题，配合夜光大底具有更强的视觉冲击力。韦德成功圆梦，带着必胜的决心，回家的韦德努力为芝加哥带来新的荣耀。

LI-NING Way of Wade 5

DWYANE WADE

德怀恩·韦德档案

- 德怀恩·韦德 /Dwyane Wade
- 绰号：闪电侠 ● 位置：得分后卫
- 出生地：伊利诺伊州芝加哥
- 出生日期：1982 年 1 月 17 日
- 身高：193cm ● 体重：99.8kg
- 效力球队：热火、公牛、骑士
- 球衣号码：3、9
- 主要荣誉：3 届总冠军、1 届总决赛 MVP、1 届全明星 MVP、12 届全明星、1 届得分王、1 届奥运会冠军

韦德职业生涯常规赛数据

赛季	球队	篮板	助攻	得分
2003/2004	热火	4.0	4.5	16.2
2004/2005	热火	5.2	6.8	24.1
2005/2006	热火	5.7	6.7	27.2
2006/2007	热火	4.7	7.5	27.4
2007/2008	热火	4.2	6.9	24.6
2008/2009	热火	5.0	7.5	30.2
2009/2010	热火	4.8	6.5	26.6
2010/2011	热火	6.4	4.6	25.5
2011/2012	热火	4.8	4.6	22.1
2012/2013	热火	5.0	5.1	21.2
2013/2014	热火	4.5	4.7	19.0
2014/2015	热火	3.5	4.8	21.5
2015/2016	热火	4.1	4.6	19.0
2016/2017	公牛	4.5	3.8	18.3
场均数据		4.8	5.7	23.3

韦德职业生涯季后赛数据

赛季	球队	篮板	助攻	得分
2003/2004	热火	4.0	5.6	18.0
2004/2005	热火	5.7	6.6	27.4
2005/2006	热火	5.9	5.7	28.4
2006/2007	热火	4.8	6.3	23.5
2008/2009	热火	5.0	5.3	29.1
2009/2010	热火	5.6	6.8	33.2
2010/2011	热火	7.1	4.4	24.5
2011/2012	热火	5.2	4.3	22.8
2012/2013	热火	4.6	4.8	15.9
2013/2014	热火	3.9	3.9	17.8
2015/2016	热火	5.6	4.3	21.4
场均数据		5.3	5.0	22.8

韦德职业生涯全明星赛数据

年份	举办地	篮板	助攻	抢断	得分
2008	新奥尔良	3	14	4	16
2009	菲尼克斯	7	14	3	14
2011	洛杉矶	4	7	5	10
2012	奥兰多	5	12	1	8
2013	休斯敦	0	15	4	20
2014	新奥尔良	4	13	3	11
2015	纽约	6	15	2	12
场均		4.1	12.9	3.1	13